# 고객의 80%는 비싸도 구매한다!

무라마츠 다츠오 지음  장윤정 옮김

씨앤톡
See&Talk

TAKAKUTEMO TOBUYOUNI URERU KYAKUTANKA APPUNOHOUSOKU
copyright © 2007 by Muramatsu Tatsuo
All rights reserved

No part of this book may be used or reproduced in any manner
whatever without written permission except in the case of brief quotations
embodied in critical articles or reviews.

Original Japanese edition published by Diamond, Inc.
Korean Translation Copyright © 2008 by See & Talk
Korean edition is published by arrangement with Diamond, Inc.
through BC Agency

이 책의 한국어판 저작권은 BC 에이전시를 통한
저작권자와의 독점 계약으로 씨앤톡에 있습니다.
저작권법에 의해 한국 내에서 보호를 받는 저작물이므로
무단전재와 복제를 금합니다.

# 머리말

## 📈 고액고객유치 마케팅이란?

질문 하나만 드리겠습니다.

하와이에 사는 갑부들에게 비싼 난방시스템을 팔 것인가, 아니면 자동차를 좋아하는 평범한 샐러리맨에게 고급차를 팔 것인가. 이 둘 중 하나를 고르라면 당신은 어느 쪽을 선택하시겠습니까?(난방시스템과 고급차의 수익성은 같다고 가정합니다)

하와이에 사는 갑부에게 난방시스템은 필요 없겠지만 돈은 남아돌 테니, 잘만 설득하면 사 줄 것 같은 생각도 듭니다. 한편, 샐러리맨들은 원래 자동차에 관심이 많기 때문에 할부로 구입하면 되지 않겠느냐고 잘만 권하면 사 줄 것도 같습니다. 물론 두 제품 모두 고가여서 판매하는 것은 쉬운 일이 아닙니다. 수익성은 같다고 가정했으니까 판매에 성공할 확률, 즉 승률을 생각해 볼 필요가 있습니다. 도대체 어느 쪽이 구매해 줄 확률이 높을까요?

어쩌면 여러분은 '고액고객유치 컨설턴트'라는 제 직함을 보고, 하와이의 갑부들처럼 돈이 남아도는 고객들에게 필요 없는 물건이라도 잘 팔 수 있는 비법을 가르쳐 주는 책이겠거니 생각할지도 모르겠습니다.

하지만 사실은 정반대입니다. 이 책이 타깃으로 하는 고객은 오히려 자동차를 좋아하는 평범한 샐러리맨들 쪽입니다. 왜냐하면 그 편이 구매할 확률, 즉 수익성이 높기 때문입니다.

요즘의 소비자들은 자기가 원하는 상품에 대해서는 생활비를 줄여서라도, 아니면 장기할부를 이용해서라도 꼭 사고야 말기 때문입니다. 차는 고급차를 몰고 다니면서 점심은 편의점 도시락으로 때우는 사람들은 여러분 주위에 많습니다.

뒤집어 말하면, 고객이 상품을 사지 않는 가장 큰 이유로 드는 '돈이 없어서'라는 말의 이면에는 '이 상품에는 투자할 생각이 없다'는 뜻이 감춰져 있습니다. 그렇기 때문에 아무리 갑부라도 필요 없는 상품, 끌리지 않는 상품에는 돈을 쓰지 않는다는 뜻입니다.

즉, 앞으로 말씀드릴 '고액고객유치 마케팅'이란, 타깃이 되는 고객이 부자인지 여부에 상관없이, 꼭 그 물건을 사야겠다고 생각하도록 여러분들 회사의 상품가치를 높이는 비법에 관한 이야기입니다. 이 비법만 잘 활용하면 여러분은 가격경쟁으로부터 자유로워질 것입니다. 또한 동종업계의 다른 회사보다 고액고객을 잘 유치할 수 있을 것이므로 윤택한 비즈니스 라이프를 누릴 수 있게 됩니다.

### '바쁘기만 하고 수익성이 낮은' 사이클에서 벗어나자

비싸더라도 꼭 사야겠다고 생각하도록 만드는 것이 왜 중요하느냐 하면, 싸다는 점만 강조하면 바쁘기만 하고 수익성이 낮아지는 결과를 초래할 수 있기 때문입니다.

확실하게 '고액고객유치 전략'을 구사하지 않으면 나중에 어려움에 처할 수 있음에도 불구하고 여기저기 널려있는 경영세미나 비즈니스 관련 서적에서는 고객을 늘리기 위한 노하우만 강조하고, 고액고객유치의 중요성에 대해 역설하는 경우는 거의 없습니다.

추측컨대 그 첫 번째 이유는 요즘 같은 불경기에 고액고객유치란 불가능한 일이라며 단념하기 때문입니다.

두 번째 이유로는, 대부분의 경영자는 설령 세일을 해서라도 고객들이 몰려와서 북적거려야 정신적으로 안심하게 되기 때문입니다. 하지만 이런 식이라면 '바쁘기만 하고 수익성이 낮은 경영'에서 벗어날 수 없습니다. 이것은 곰곰이 생각해 보면 누구나 알만한 일입니다.

그래서 저는 지금까지의 컨설팅 활동 속에서 실제로 해 왔던 고액고객유치를 위한 모든 비법을 공개하기로 결심했습니다.

참고로 '객단가 올리기 마케팅'이라는 말은 제가 만들었습니다. '고액고객(고가의 제품이라도 구매하는 손님)' 유치에 초점을 두고자 하는 마음에서 이렇게 이름지었습니다.

어쩌면 여러분 중에는 이 마케팅 기법이 부유층을 겨냥한 것으로 착각해 고급품을 취급하지 않는 자사에는 필요 없다고 생각하는 분이 계실지도 모르겠습니다만, 사실은 그렇지 않습니다. 개인이 경영하는 슈퍼나 작은 음식점에서도 충분히 응용할 수 있는 고액고객유치비법을 정리한 것입니다.

우선 1장에서는 단순히 고객수 늘리기가 아니라 객단가 올리기가 왜 중요한지에 대해 구체적으로 설명할 것입니다. 또한, 소비자도 사실은 고액고객 대우를 원한다는 점에 대해서도 설명드릴 것입니다.

2장에서는 고액고객유치 마케팅 전반에 대해서 설명드린 뒤, 3, 4, 5장에서는 총 15개의 구체적인 비법에 대해 15일에 걸쳐 습득할 수 있도록 안내해 드릴 것입니다.

6장에서는 실제 경영현장에서 어떻게 활용할 것인가에 대해 알기 쉽게 설명해 드릴 것이며, 7장에서는 실전에서 대부분의 경영자들이 빠질 수 있는 심리적 함정에 대해 보충해서 설명해 드릴 것입니다.

모쪼록 이 책이 여러분의 사업이 발전하는 계기가 될 것을 기원하면서 지금부터 이야기를 풀어나가도록 하겠습니다.

고액고객유치 컨설턴트<br>
무라마츠 다츠오(村松達夫)

## 차례

머리말 3
차례 6

### 1장 고객수 늘리기 VS 객단가 올리기 어느 쪽을 선택할 것인가? 13

**'고객 수 늘리기'만으로는 바쁘기만 하고 수익성이 낮다** 14
- 과연 '고객수 증가 = 회사 수익 증가'일까? ·················14
- 고객수가 늘어난다고 만사 OK는 아니다 ·················15
- 제품 라이프사이클에서 탈피하기 ·················18

**'객단가 올리기 → 고객수 늘리기' 순으로 전략을 세우면 성공한다!** 21
- '객단가 올리기'란 무엇인가 ·················21
- 정반대로 하면 비참한 결과가! ·················24

**행복한 경영자와 그렇지 못한 경영자** 25
- 행복한 경영자의 길 ·················25
- 어느 쪽에 초점을 맞추느냐가 운명의 갈림길 ·················26

**나날이 변화하는 소비자 욕구 따라잡기** 28
- 소비자들이 싼 것을 좋아한다고 생각하면 실패한다 ·················28
- 소비자의 구매 행위는 'V자 가격곡선'을 그린다 ·················30
- '돈이 없다'는 말의 진정한 의미는? ·················33

구매가치가 있다고 생각되면
고객의 80%는 비싸도 구매한다 … 35
- 사람들은 왜 세일에 혹하는가 …………………………………35
- 고객의 80%는 비싸도 구매한다 ……………………………36

## 2장 '가격인상'을 해도 고객이 찾아오는 3가지 비밀 … 39

'고액고객유치 마케팅'이란? … 40
- 고객의 '3가지 구매 패턴' 잡기 ………………………………40
- 필립 코틀러(Philip Kotler) 박사의 '상품'에 대한 정의 …………41

구매의욕을 자극하도록 상품가치를 높이는
3가지 비법 … 45
- 톰 크루즈 주연의 영화 『칵테일』에서 얻은 힌트 ……………45
- 상품가치를 높여 주는 3가지 요소 ……………………………46

## 3장 연출을 통해 상품가치 높이기 … 49

연출 방법에 따라 상품가치가 달라진다 … 50
- 상품 연출법의 5가지 타입 ……………………………………50

## 연출법 1 ﹒ 상품이 돋보이는 장면 연출하기　52
- 스파이스로 맛내기 …………………………………… 52
- 단점을 장점으로! 발상 전환하기 …………………… 54

## 연출법 2 ﹒ 상품 관련 '에피소드' 가미하기　58
- '개발비화' 가미하기 ………………………………… 58
- '휴먼드라마'를 호소력 있게 피력하기 …………… 60

## 연출법 3 ﹒ 악센트만 주어도 상품은 180도 바뀐다　64
- 마음에 여운을 남기는 광고 카피 만드는 방법 …… 64
- 스타 만들기 …………………………………………… 65

## 연출법 4 ﹒ 소비자는 '권위 있는 상품'과 '누구나 가지고 있는 상품'에 약하다　69
- 상품에 권위 부여하기란? …………………………… 69
- 누구나 가지고 있다는 느낌을 주려면 ……………… 70

## 연출법 5 ﹒ 한정으로 소비자의 구매욕 자극하기　74
- '인원 한정' 효과로 만족도 높이기 ………………… 74
- '기간 한정'으로 구매욕 자극하기 ………………… 75
- 포인트 정리 …………………………………………… 79

# 4장 대고객 서비스로 부가가치 높이기 　　81

### 대고객 서비스로 한층 더 상품가치 높이기

**제공 방법 1** '공감'으로 고객과의 튼튼한 신뢰관계 형성하기　82
- 고객의 상품에 대한 불신 잠재우기 …………………84
- 고객의 '단꿈' 공유하기 ………………………………86

**제공 방법 2** 고객 자신도 깨닫지 못한 잠재적 욕구 파악하기　90
- 막연한 요망을 정리해서 구체화하기 ………………90
- 180도 인식 전환하기 …………………………………92

**제공 방법 3** 실제 경험에서 우러나온 진솔한 제안으로
고객의 마음 포섭하기　96
- 마음을 열면 '영업 냄새'가 나지 않는다 ……………96
- 직원들의 실제 체험이 고객의 마음을 움직인다 …97

**제공 방법 4** '전문지식+잡학지식'으로 소비자의 마음 잡기　102
- '전문지식' 제공으로 고객에게 진심어린 서비스를! …………102
- 솔깃한 '잡학지식'으로 매출 올리기 …………………103

**제공 방법 5** 자신의 캐릭터 갈고 닦기　108
- '선생님'처럼 고객 리드하기 …………………………108
- 확실한 캐릭터가 되자 …………………………………110
- 포인트 정리 ……………………………………………114

# 5장 구매욕을 자극하는 '기대감 극대화' 기법 … 117

## 고객의 '기대감'이 높을수록 상품가치도 높아진다! … 118

### 기대감 높이는 법 1
### 꼭 갖고 싶게 만드는 비법 … 120
- 숨은 진가 깨우쳐 주기 … 120
- 고객의 세계관 바꾸기 … 122

### 기대감 높이는 법 2
### 무료체험 재미에 빠져든 순간 그때부터는 내 맘대로! … 126
- 무료체험 기회 마련 … 126
- 럭셔리 체험 기회 마련 … 128

### 기대감 높이는 법 3
### '커뮤니티'가 가지는 강력한 파워를 아군으로! … 132
- '동지의식'으로 고객의 마음 사로잡기 … 132
- '이벤트 + 상품'의 시너지효과로 매출 늘리기 … 133

### 기대감 높이는 법 4
### 폴로업(follow-up)고객의 잠재적 욕구 이끌어내기 … 137
- 카운슬링으로 잠재적 욕구 이끌어내기 … 137
- 메일이나 우편을 통해 개별적으로 지원하기 … 138

### 기대감 높이는 법 5
### 이게 다가 아니라 '즐거움은 이제부터'라는 기대감 유지시키기 … 142
- 한 발 한 발 다가가는 전략으로 완전 포섭하기 … 142
- '동경의 대상'을 쫓는 심리 이용하기 … 143
- 포인트 정리 … 147

# 6장 이 정도면 할 수 있다! 객단가 올리기의 3가지 패턴　149

### 객단가 올리기의 3가지 패턴 살펴보기　150

#### 객단가 올리기 패턴 1
### 성공적인 가격인상　152
- 가격인상의 목적은? ······ 152
- 가격인상에 관한 이야기 ······ 153
- 무난히 가격을 인상할 수 있었던 요인은? ······ 158

#### 객단가 올리기 패턴 2
### 더욱 품격 있는 '고급 상품' 판매하기　161
- 품격을 높이는 목적은? ······ 161
- 고급화에 관한 이야기 ······ 163
- 고급화에 성공할 수 있었던 요인은? ······ 166

#### 객단가 올리기 패턴 3
### 몰아서 판매하기　169
- 몰아서 판매하는 목적은? ······ 169
- '몰아서 판매하기'에 관한 이야기 ······ 170
- 몰아서 판매하기를 할 수 있었던 요인은? ······ 173
- 포인트 정리 ······ 175
- 객단가 올리기를 성공시키는 15가지 방법 ······ 176

 **이 점에 요주의! 심리적인 함정** 177

### 실패로 이끄는 '심리적인 함정'이란? 178

- 5가지의 함정과 그 해결책 ················· 178
- 함정1 도저히 가격인상이 힘들다 ················· 179
- 함정2 너무 전문적인 설명을 하게 된다 ················· 179
- 함정3 같은 상품이므로 가격도 당연히 같을 것이라 생각한다 181
- 함정4 무심코 싼 것을 권하게 된다 ················· 182
- 함정5 부유층을 겨냥하게 된다 ················· 183

### 맺음말 184
### 저자 소개 186

# 고객수 늘리기 VS 객단가 올리기
### 어느 쪽을 선택할 것인가?

# '고객수 늘리기'만으로는 바쁘기만 하고 수익성이 낮다

### 과연 '고객수 증가 = 회사 수익 증가'일까?

'고객수 늘리기 마케팅'이 최근 몇 년 새 붐이 되어, 관련 서적이나 세미나 등이 수없이 생겨났습니다. 팩스를 이용한 메일과 신문광고 카피 쓰는 방법, 인터넷 상의 SEO대책(검색 시 맨 먼저 검색되도록 하는 대책) 등 다양한 노하우가 있는데, 이들의 공통점은 한마디로 '고객수 늘리기 마케팅 기법'으로 직결된다는 것입니다.

물론 고객을 많이 유치하는 것도 중요합니다. 파리 날리던 가게가 활기를 띠게 되거나 쥐 죽은 듯 고요하기만 하던 사무실 전화가 쉴 새 없이 울려댄다면 금방이라도 매출이 오를 것 같은 기분이 들겠지요.

그렇다고 고객수 늘리기가 중요하지 않다는 것은 아닙니다. 저 역시 그 기법을 이용하고 있으니까요.

문제는 '고객수 증가 = 회사 수익 증가'라는 단순한 등식이 대다수 경영자의 뇌리에 각인되어 있다는 점입니다.

하지만 실제로는 고객의 증감과 회사의 수익성이 반드시 일치하는 것은 아닙니다. 고객이 줄더라도 수익은 낼 수 있으니 말입니다. 아니, 오히려 타깃이 되는 고객 범위를 좁힘으로써 수익성을 높이게 되는 경우도 많습니다.

실제로 제가 지도하고 있는 기업 중에는 고객이 줄었는데도 수익성은 오히려 높아진, 상식적으로 납득하기 힘든 결과를 보이는 곳이 많습니다. 사실 '고액고객유치 마케팅' 기법을 이용하면 그리 어려운 일이 아닙니다.

## 고객수가 늘어난다고 만사 OK는 아니다

로지 고객수 늘리기에만 온 힘을 쏟는 것은 지양해야 합니다. 왜냐하면 고객수 늘리기에만 너무 집중하면 고객은 늘어나도 그 만큼 이익은 늘지 않는 결과가 생길 수 있기 때문입니다. 즉 바쁘기만 할 뿐 수익성이 낮은 회사가 되고 맙니다.

실제로 고객수 늘리기에 성공해서 고객은 늘어났는데도 오히려 전보다 수익성이 떨어져서 경영난에 빠지는 회사가 많습니다.

이러한 현상이 나타나는 이유는, 고객이 늘어나면 그에 따른 경비도 함께 늘어나기 때문입니다.

그 예로 인건비를 들 수 있습니다. 고객이 늘면 그 만큼 고객의 대기시간도 길어지게 되어 고객의 불만이 쌓이게 됩니다. 결국 이를 해결하기 위해 직원을 늘려야 하고, 따라서 자연스레 인건비도 늘 수밖에 없는 것입니다.

또한 다양한 고객들의 요구를 충족시키기 위해서는 상품 수를 늘려야 하는데, 그에 따른 재고 증가로 인한 비용 손실도 커집니다.

게다가 고객수, 직원, 재고량 증가와 더불어 사무실 및 가게 규모 확장에 드는 비용도 늘어나게 됩니다.

급기야 은행으로부터 추가 융자라도 받게 된다면 매월 갚아야 할 변제액 또한 늘게 됩니다.

이처럼 매출이 오르는 한편 지출도 늘어나기 때문에 고객수가 두 배로 늘어났다고 해서 두 배의 이익이 발생하는 것은 아닙니다.

바로 이 점이 바쁘기만 할 뿐 수익이 나지 않는 이유입니다.

알기 쉽게 표로 나타낸 것이 다음의 그림입니다.

최악의 경우는 일단 고객이 늘어났다가 그 이후로 줄어들게 되는 예입니다. 왜냐하면 직원은 함부로 감원할 수 없는데, 점포 확장 때문에 융자받았던 대출금 변제액은 그대로 남기 때문입니다. 결과적으로 이전보다 경영 상황이 더 악화될 가능성을 떠안게 되는 것입니다.

이제 '고객수가 늘어나면 만사 OK'가 아니라는 말의 뜻을 잘 아셨겠지요.

그러면 어떻게 해야 할까요?

고객을 늘리려 하기 전에 먼저 고액고객을 유치하면 됩니다.

고액고객유치의 경우는 고객수가 늘어나는 것이 아니기 때문에 앞서 말씀드린 리스크와는 전혀 상관이 없습니다. 지금 상품을 구매 중인 손님에게 하나를 더 판매한다거나 더 고급 제품 또는 고가의 제품을 구매하게 하는 등의 방법이기 때문에 인건비나 시설 확장 비용이 늘어나는 것도 아닙니다.

따라서 매출이 오르면 이익은 확실히 증가하게 됩니다.

고액고객유치에 집중함으로써 고객을 필요 이상으로 늘리지 않아도

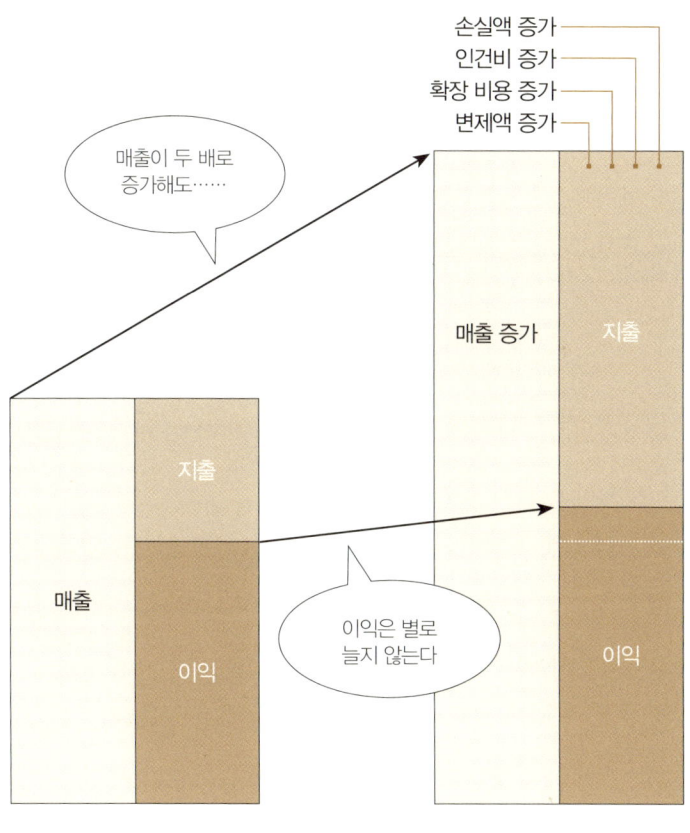

매출이 두 배로 늘어나더라도 그에 따른 지출도 증가하기 때문에 바쁘기만 하고 수익성은 낮다.

꾸준하고 충분한 수익성이 보장되도록 시스템을 바꿔가는 것이 중요합니다. 굳이 고객을 늘리고 싶다면 그 이후에라도 괜찮습니다. 즉 우선은 고액고객을 유치한 후에 고객의 수를 늘리는 데에 힘쓰는 것이 올바른 순서입니다.

어떻습니까.

어쩌면 여러분은 "정말 그렇게만 된다면 무슨 걱정이겠어요. 고객이 싼 물건밖에 사지 않으니 그게 문제지요." 이렇게 반론하실지도 모르겠습니다.

그렇지만 전혀 걱정하실 필요가 없습니다. 나중에 말씀드리겠지만, 소비자 중 80%는 잠재적으로 '고액고객(비싸더라도 사는 고객)'이 될 가능성을 내재하고 있기 때문입니다.

여러분이 해야 할 일은 일반 고객이 '고액고객'이 되도록 유도하거나 '고액고객'을 모으는 노하우를 실천하는 일뿐입니다. 구체적인 노하우에 대해서는 2장에서부터 자세하게 설명드리겠습니다.

### 제품 라이프사이클에서 탈피하기

고객수 늘리기로는 바쁘기만 할 뿐 수익성이 낮다는 데에 대한 이론적인 근거로서, '제품 라이프사이클 이론'이라는 관점에서도 검증해 보겠습니다.

우선 다음 페이지의 그림을 보십시오. 여러분도 잘 아시는 '제품 라이프사이클'입니다.

제품의 매출액은 '성숙단계'에서 정점에 이른다는 사실은 잘 알려져

## 제품 라이프 사이클로 본 매출과 이익

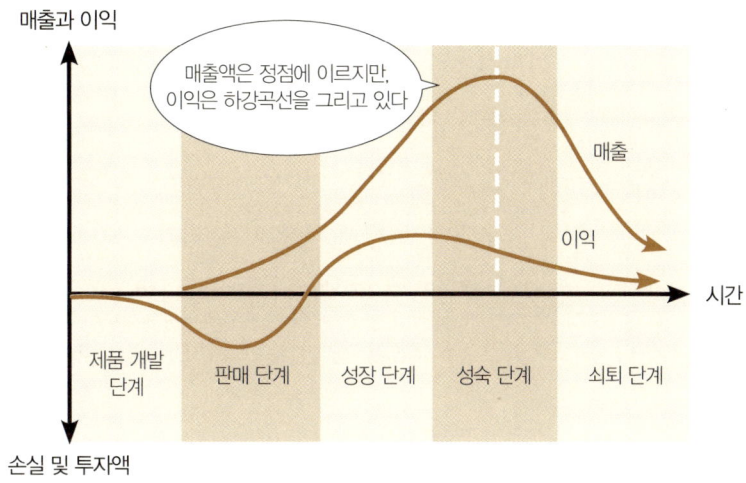

| | | |
|---|---|---|
| **1 제품 개발 단계** | 이 단계는 기업이 신제품 개발을 위해 아이디어를 창출하여 검토하고 완성해 가는 단계이다. 이 시기에는 매출은 제로, 투자액은 계속 증가한다. | |
| **2 판매 단계** | 이 단계에서는 제품이 시장에 출시되어 매출이 서서히 증가해 간다. 판매하는 데에 많은 자금을 투입하기 때문에 이익은 제로에 가깝다. | |
| **3 성장 단계** | 상품이 급속도로 판매됨으로써 이익도 증가한다. | |
| **4 성숙 단계** | 매출이 점점 둔화되어 간다. 이것은 대부분의 잠재수요를 충족시켰기 때문이다. 또한 수익률은 제자리걸음 상태이거나 감소한다. 이는 경쟁사로부터 이 상품을 지키기 위한 마케팅 비용이 늘어났기 때문이다. | |
| **5 쇠퇴 단계** | 매출이 떨어지고 이익이 감소한다. | |

※『마케팅 원리 제9판』Philip Kotler, Gary Armstrong (다이아몬드사)를 기초로 하여 작성

있는데, 의외로 간과되고 있는 부분이 있습니다.

이 그림에서도 나타나듯이 매출액이 정점에 이르면 이익은 하강곡선을 그립니다. 그 원인은 조금 전에 말씀드린 인건비, 관리비 등의 비용 증가 외에도 동종업자의 시장 참여로 인한 '가격경쟁', 고객수를 늘리는 데 쓰인 '광고 비용의 증가' 때문입니다.

가격경쟁이 시작되면 가격을 인하하거나 최소한으로 낮출 수밖에 없습니다. 그렇게 되면 당연히 고객 한 사람당 수익률과 순이익이 모두 낮아집니다. 그럼에도 불구하고 매출액이 증가했다면 그것은 수익률 저하를 충당할 정도의 고객수가 아직까지는 증가하고 있기 때문입니다.

이것이 성숙단계입니다.

하지만 아무리 매출이 증가하더라도 그만큼 비용 또한 증가하기 때문에 이익은 감소하게 됩니다.

즉 '제품 라이프사이클 이론'을 보더라도 동종업자가 시장에 참여하게 되는 '성숙단계'에 진입하면 고객수 늘리기만으로는 도저히 이익을 올릴 수 없게 된다는 사실을 알 수 있습니다.

그런데 현재의 거의 모든 비즈니스업계는 이 '성숙단계'에 진입해 있습니다.

어떻게 하면 이러한 상황에서 벗어날 수 있을까요?

이 상황에서 벗어나게 해 주는 것이 바로 '고액고객유치 마케팅'입니다. '고액고객유치 마케팅'이야말로 '제품 라이프사이클'에서 탈피하게 하고, 가격경쟁에서 벗어나게 해 줄 뿐만 아니라, 비용 증가를 막아 수익률을 올릴 수 있도록 해 주는 유일한 돌파구입니다.

## '객단가 올리기 → 고객수 늘리기' 순으로 전략을 세우면 성공한다!

### '객단가 올리기'란 무엇인가

객단가를 올린다는 말은 고객 한 사람당 매출액을 늘리는 것을 뜻합니다. 고객수 늘리기에 대해서는 여러 가지 노하우가 알려져 있지만, 객단가 올리기 노하우에 대해서는 그다지 알려진 게 없습니다.

그래서 이에 대해서 간단히 설명드리겠습니다.

예를 들면 어떤 와인전문점에 일주일에 한 번 와인을 사러 오는 손님이 있다고 합시다.

이 손님은 1만 원짜리 와인 한 병을 사려고 합니다. 당연히 이때의 매출액은 1만 원이 될 것입니다.

그런데 POP 광고를 잘 활용하는 등의 판촉 활동을 통해, 손님으로 하여금 2만 원짜리 와인을 고르게끔 했다면 매출액은 2만 원으로 늘게 됩니다.

더 나아가 한 병을 더 사면 사은품을 증정한다는 식의 특별 판매 기법을 통해 손님으로 하여금 2만 원짜리 와인을 두 병이나 사게 했다면 어떻게 될까요?

당연히 매출액은 4만 원이 됩니다.

게다가 일주일에 한 번 오던 손님을 와인 시음회 등의 이벤트를 열어 일주일에 두 번 오도록 유도했다면 어떻게 될까요?

일주일의 매출액은 8만 원이 됩니다.

이렇게 해서 고객수는 그대로인데도 매출액과 수익은 늘어나게 됩니다. 이런 것을 '객단가 올리기'라고 합니다.

그리고 이 와인전문점 주인이 그 손님과 같은 단골 고객을 확보한 뒤, 마케팅을 통해 신규고객들을 유치함으로써 고객수를 현재의 두 배로 늘렸다면 어떻게 될까요?

일주일에 한 사람의 고객이 8만 원을 구매한다고 치면, 그것의 두 배가 될 테니까 단순하게 계산해도 매출액은 16만 원이 됩니다.

처음엔 1만 원이었던 매출액이 16만 원이 되었다는 것은 매출이 16배로 늘어났다는 뜻입니다.

물론 이것은 이해를 돕기 위한 다소 과장된 예에 지나지 않습니다.

제가 하고 싶은 말은 이처럼 우선 객단가를 올려 놓은 다음에 고객수를 늘리는 것이 중요하다는 뜻입니다.

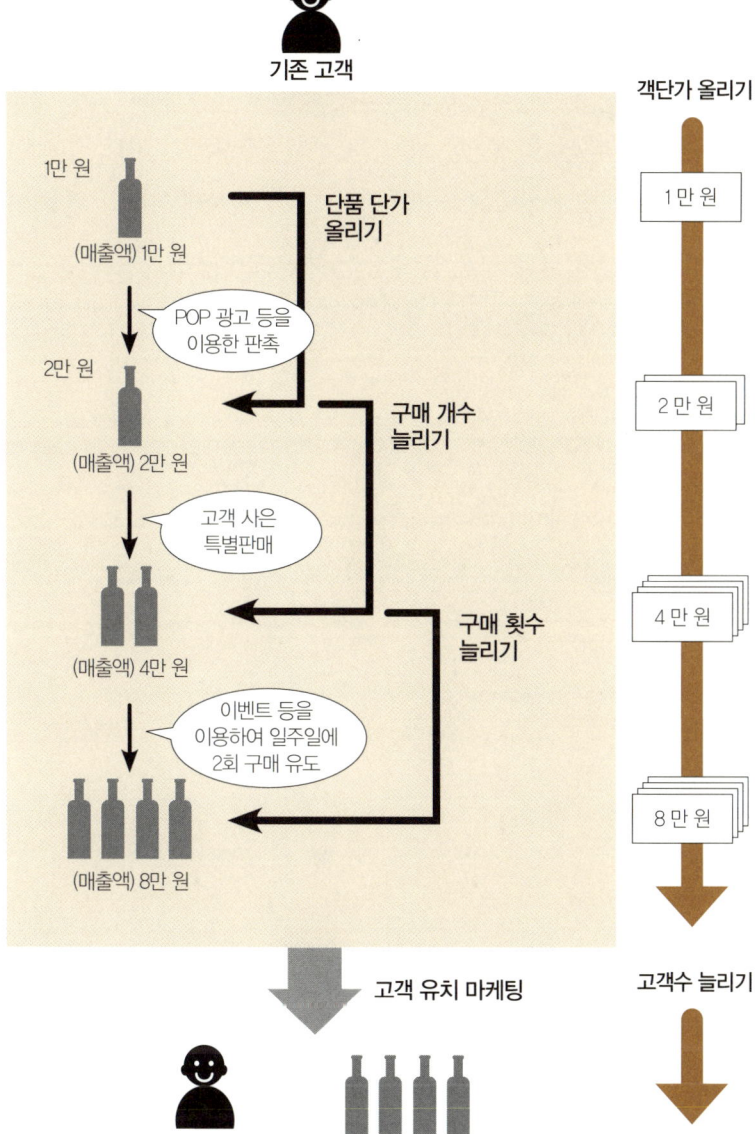

## 정반대로 하면 비참한 결과가!

**제**가 말한 순서대로 한다면 고객을 늘리기 전에 매출이 여덟 배로 늘기 때문에, 설령 그 이후에 고객이 두 배로 늘어나 바빠진다고 해도 인건비 증가분의 비용은 충분히 충당할 수가 있습니다.

하지만 처음부터 고객을 두 배로 늘리면 매출도 오르기도 전에 인건비가 오르기 때문에 경영이 어려워집니다. 즉 초기에 이미 판매 이익이 줄어, 바쁘기만 하고 수익은 늘지 않는 가운데 리스크만 커지는 등 경영난에 빠지게 되는 것입니다.

# 행복한 경영자와
## 그렇지 못한 경영자

 **행복한 경영자의 길**

**왜** '고액고객유치 마케팅'을 실천하고 고객당 구매율을 늘리는 것이 좋을까요?

단순계산상의 수익률뿐만 아니라 또 하나 중요한 이점이 있습니다.

저는 소위 '경영 컨설턴트'라는 이름을 내걸고 있지만, 눈에 보이는 경영상의 수치만 좋으면 그만이라고 생각하지는 않습니다.

또한, 가령 지금은 수익성이 낮더라도 경영자와 그 가족들, 그리고 직원들이 활기차게 일할 수 있는 환경을 먼저 구축하는 것이 훨씬 중요하다고 생각합니다.

왜냐하면 회사가 바쁘게 돌아감에 따라 경영자가 과중한 업무 부담을 견뎌내지 못해 마음의 병을 앓게 되는 경우, 과로로 쓰러지게 되는 경우, 가족과의 관계가 악화되는 경우 등 여러 가지 폐해가 생기는 것을 무수히 보아왔기 때문입니다.

그렇기 때문에 저는 컨설팅을 할 때도 경영자 본인이 어느 쪽을 더 행복하게 느끼는지를 우선적으로 배려합니다.

이런 관점에서 생각하더라도 역시 결론은 객단가를 먼저 올리고 나서 고객수를 늘리는 순서가 맞다고 생각합니다. 왜냐하면 이 순서대로 진행해야 경영자로서의 자부심과 보람을 느끼면서 꾸준히 경영 실적을 올릴 수 있기 때문입니다.

### 어느 쪽에 초점을 맞추느냐가 운명의 갈림길

기존 고객에게 비싸고 좋은 제품을 확실하게 제공하여 변함없는 단골고객으로 확보해 둡니다. 무리하게 신규고객 확보에 힘쓰기보다는 입소문 정도에만 맡겨 둡니다.

또한 고급 인력을 꾸준히 양성해 고객이 늘더라도 서비스와 상품의 질이 변하지 않으리라는 확신을 한 뒤에 적극적으로 신규고객 확보에 나서도록 합니다.

이렇게 하면 과도하게 스트레스를 받을 일도, 초조해 할 일도 없을 것입니다.

물론 아무리 바빠지더라도 박리다매하는 쪽이 더 좋다고 생각하시는 분은 그렇게 하시면 됩니다.

하지만 제가 지금까지 만난 천 명 이상의 중소기업 경영자들 중에는 박리다매 쪽을 바라는 분은 거의 없었습니다.

그럼에도 불구하고 대부분의 경영자들은 고객이 늘어나면 회사 수익률이 높아질 것이라는 단순하고 위험한 방정식에만 의지하여 자신이 본디 원하지 않았던 방향으로 나아가게 되는 경우가 많습니다.

실제로 제가 지금까지 지도해 온 수많은 경영자들로부터 이런 이야기를 들었습니다.

"당신을 만나지 못했더라면 자칫 잘못된 방향으로 갈 뻔했어요. 제가 하고 싶은 것은 박리다매가 아니라, 확실하게 매출을 올려주는 고객들을 확보하여 경영의 안정을 도모하는 것이었어요."

만약 여러분이 이 경영자들의 말에 공감하신다면 부디 이 방식을 도입하시기 바랍니다. 왜냐하면 이 방식은 대부분의 소비자들도 바라고 있는 사항이기 때문입니다.

소비자들이 왜 이것을 바라는지에 대해서는 다음 페이지에서 설명해 드리겠습니다.

# 나날이 변화하는
# 소비자 욕구 따라잡기

 **소비자들이 싼 것을 좋아한다고 생각하면 실패한다**

우선은 객단가를 올리는 것이 중요하며 고객수 늘리기는 그 뒤에 할 일이라는 것이 제 지론인데요, 사람들은 제 지론과는 반대로 하기 때문에 바쁘기만 하고 수익성은 감소하는 악순환에 빠지는 경우가 많습니다.

'이러쿵저러쿵 말들이 많지만 사실 고객은 싼 것을 원한다. 객단가를 올리면 손님은 끊어지고 만다.' 이런 생각에 얽매여 있는 건 아닌가요?

이런 발상은 고객의 실상을 제대로 파악하지 못한 데에서 오는 착각입니다.

요즘 소비자들은 아무리 비싸더라도 자기가 원하는 것이라면 장기할부로든 생활비를 쪼개서든 사고야 마는 사람들입니다.

레스토랑의 예를 살펴볼까요?

예전에는 레스토랑 하면 고급식당이었습니다. 하지만 패밀리 레스토랑의 등장으로 비교적 부담 없이 갈 수 있는 곳이 되었습니다.

이렇게 되자 가격경쟁에 불이 붙기 시작해 셀프서비스를 도입한 중저가 레스토랑이 등장하게 되었습니다. 그러자 다른 패밀리 레스토랑들도 앞다투어 가격인하를 단행한 결과, 지금은 대부분의 패밀리 레스토랑이 셀프서비스를 도입해서 중저가 레스토랑이 되었습니다.

이대로 가격경쟁이 심화되리라 생각했지만 그렇게는 되지 않은 듯합니다. 반대로 거의 비슷한 시기에 중고가 패밀리 레스토랑이 등장했습니다. 중고가 패밀리 레스토랑은 일반적인 패밀리 레스토랑보다 가격이 조금 비싸기 때문인지 처음에는 비교적 한산하고 썰렁한 분위기였습니다. 그렇지만 지금은 주말이나 휴일이면 1시간 정도 기다리는 건 예삿일이 되었을 정도로 북적거립니다.

소비자가 낮은 가격만을 추구했다면 왜 중고가 패밀리 레스토랑이 이렇게 인기가 있는 것일까요?

다른 예를 들어볼까요?

거품경제시절, 헬스클럽은 연회비가 1천만 원을 호가하는 비싼 곳이 많아서 주요 이용자는 소수의 기득권층에 한정되어 있었습니다. 일반인은 대개 싸게 이용할 수 있는 시나 도에서 운영하는 공공 스포츠 센터를 이용했습니다.

그러다가 거품경기가 붕괴되어 연회비가 150만 원에서 300만 원 정도하는 비교적 중고가 헬스클럽이 여기저기에 생기자 이용자들이 비약적으로 늘어났습니다. 그때까지 공공 스포츠 센터에 다니던 사람들이 대거 중고가 헬스클럽으로 이동해 갔기 때문입니다.

물론 공공시설보다 가격은 비싸지만 시설 면에서나 서비스 면에서 훨씬 앞서 있었기 때문입니다. 그래서 일반인들이 중고가 헬스클럽 쪽으로 방향을 선회한 것입니다.

그 뿐만이 아닙니다. 최근에는 개별 레슨을 추가로 받는 등 연간 500만 원 이상을 헬스클럽에 투자하는 사람들도 많습니다.

돈이 없어서 연간 10만 원 정도의 공공시설을 이용하던 일반인들이 왜 연간 500만 원이나 하는 고액 레슨비를 지불하게 되었을까요?

다른 예를 하나 더 들어 보겠습니다.

휴대전화는 사실 약 20년 전에도 있었는데요, 당시에는 대기업 사장 아니면 일부 초엘리트 비즈니스맨만이 사용하던 것이었습니다.

하지만 그 후 저가의 PCS폰이 등장해서 가격파괴를 일으키자 휴대전화 업체도 이에 질세라 저가에 공급하기 시작했습니다. 심지어는 공짜폰까지 성행하기에 이르렀으니 휴대전화 보급율은 그야말로 기하급수적으로 늘어났습니다.

그런데 요즘은 또 어떤가요? 몇 십만 원짜리 심지어는 백만 원을 넘어서는 신제품이라도 최신기종이 나올 때마다 바꾸는 사람들이 얼마든지 있습니다.

공짜폰이 나올 때까지 휴대전화을 살 생각도 안 하던 사람들이 왜 수십만 원이나 하는 최신기종을 사는 데에 돈을 투자하게 되었을까요?

### 📈 소비자의 구매 행위는 'V자 가격곡선'을 그린다

앞에서 말씀 드린 세 가지, 즉 패밀리 레스토랑, 헬스클럽, 휴대전화 등의 예에서 드린 질문에 대한 답은 이미 다 아시겠지요? 다시 한 번 질문을 나열해 보겠습니다.

**Q1** 소비자가 낮은 가격만을 추구한다면 왜 중고가 패밀리 레스토랑이 이렇게 인기가 있는 것일까요?

**Q2** 돈이 없어서 연간 10만 원 정도의 공공 체육 시설을 이용하던 일반인들이 왜 연간 500만 원이나 하는 고액 레슨비를 지불하게 되었을까요?

**Q3** 공짜폰이 나올 때까지 휴대전화를 살 생각도 안 하던 사람들이 왜 수십만 원이나 하는 최신 기종을 사는 데에 돈을 투자하게 되었을까요?

세 가지 질문에 대한 답은 모두 하나의 '행동 패턴'으로 요약할 수가 있습니다.

---

① 비싸다며 일단 거부한다
⬇
② 가격이 인하되면 얼른 산다
⬇
③ 낮은 가격이 당연한 상황이 되면 뭔가 부족함을 느낀다
⬇
④ 이윽고 비싸더라도 좀 더 알차고 좋은 것을 원하게 된다

---

이것을 다시 요약하면, 소비자는 어느 정도 가격이 파괴된 이후 더 이상 내려가지 않게 되면, 그 다음부터는 비싸도 내용이 알차고 좋은 것을 추구하게 된다는 뜻입니다.

이를 그림으로 나타낸 것이 뒤의 그래프입니다.

이처럼 V자 형태를 이루기 때문에 저는 소비자의 행동 패턴을 'V자 가격 곡선'이라고 이름 붙였습니다.

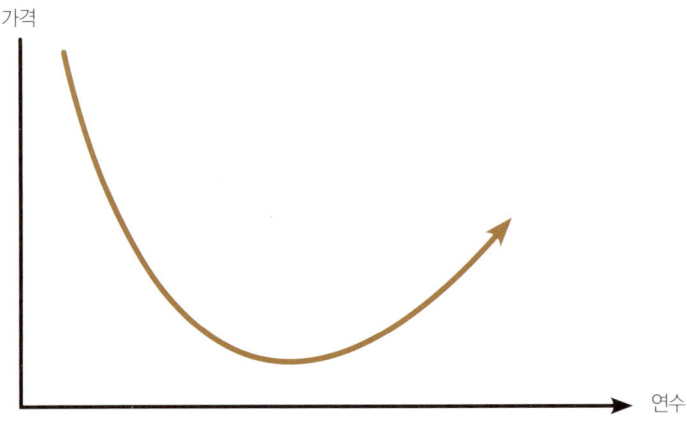

'가격곡선'

즉 여러분의 업계에서 가격파괴가 일어나고 있다면, 조만간 앞으로 뭔가 부족함을 느끼는 소비자들이 한 단계 높은 뭔가를 찾게 될 가능성이 큽니다.

저도 요즘 헬스클럽에 다니고 있는데요, 사람들이 너무 붐벼서 질릴 지경인 데에다 혼자서 운동하기엔 뭔가 부족한 느낌이 들더군요. 그래서 개인지도를 해 주는 곳이 있으면 10만 원 정도 추가 비용을 지불하더라도 옮길까 생각 중입니다.

그리고 저에게 자문을 받는 회사가 전국 여기저기에 흩어져 있어서 자주 고속철도를 이용하는데, 이 고속철도의 특실 좌석에 대해서도 같은 생각을 하고 있습니다. 처음에는 특실이 비교적 한적했었는데, 요즘은 꽤나 많은 사람들이 이용하고 있습니다. 사정이 이렇게 바뀌고 보니 저는 다시 왠지 2% 부족한 느낌이 들어, 좀 더 돈을 지불하더라도 더 나은 서비스를 받고 싶어졌습니다.

예를 들면, 비행기의 퍼스트 클래스처럼 혼자만 앉게 되어 있고 편안히 쉴 수 있는 리클라이너 좌석에다 영화도 볼 수 있고 고급 풀코스요리를 앉은 자리에서 맛볼 수 있는 고급 좌석이 있으면 돈을 더 지불하더라도 일을 끝낸 후의 제 자신에 대한 포상으로 이용할 수도 있을 것입니다.

이처럼 '기왕 드는 돈 조금 더 들더라도 확실한 서비스를 해 줄 수는 없나?' 하고 생각한 적이 여러분도 한 번쯤은 있지 않으세요?

 **'돈이 없다'는 말의 진정한 의미는?**

일반적으로 누구나 다 이용하는 상황이 되면 그 상품에 대한 욕구는 계속 높아지게 됩니다.

예를 들어 앞에서 언급한 휴대전화의 예에 비유하자면, 사진 기능을 탑재했더니 사진을 찍어 친구에게 보내고 싶은 요구가 생겨나 결국은 휴대전화에 인터넷 기능까지 탑재하게 되는 상황이 되지 않았습니까? 그리고 인터넷 기능이 첨가됨에 따라 휴대전화용 홈페이지 내용도 알차져서 지금은 휴대전화로 인터넷 쇼핑을 하는 일이 일반화되었습니다. 이것은 일반소비자들의 상품에 대한 욕구가 하루가 다르게 높아진 결과입니다.

좀 더 일상적인 예로서 '생수 구매'에 관한 이야기를 해 볼까요. 예전에는 물은 공짜라는 인식이 강했는데, 요즘은 특화된 물을 마시면 피부가 깨끗해진다거나 건강에 좋다고 해서 탄산음료나 캔커피보다 비싸게 팔리는 상품이 나왔습니다.

이처럼 소비자는 늘 싸고 빠른 것만을 바라는 것은 아닙니다. 새로운 즐길 거리를 제안하고 가치 있는 상품 개발에 노력을 기울인다면 비싸더라도 기꺼이 구매하게 되어 있습니다.

흔히 '돈이 없다'는 말을 자주 듣는데, 이것은 '가치를 느끼는 것은 비싸게 구매하겠지만, 그렇지 않은 것은 싸게 구입하겠다'는 말과 같은 뜻입니다. 그렇기 때문에 명품 브랜드가 인기를 얻고 있는 한편, 천냥하우스 같은 저가 생활용품점이 성황을 누리는 양극화 현상이 두드러지는 것입니다.

이는 소비자에게 특별한 가치를 느끼게 할 수 있느냐 없느냐에 기업의 성패가 달려 있다는 뜻과 통합니다.

물론 모든 고객이 이렇게 생각하는 것은 아닙니다.

하지만 적어도 80% 정도의 고객들은 고액고객이 될 가능성을 가지고 있습니다. 왜 80%인지는 다음 페이지에서 말씀드리겠습니다.

구매가치가 있다고 생각되면
# 고객의 80%는 비싸도 구매한다

## 📈 사람들은 왜 세일에 혹하는가

'굳이 싸게 팔지 않아도 된다, 가격이 비싸더라도 80%의 고객들은 구매할 가능성이 있다'고 말씀드려도 '세일 때 그렇게 많은 사람들이 몰리는 걸 보면, 고객들은 역시 싼값을 원하고 있잖은가?'라며 의문을 떨쳐버리지 못하는 분들이 있을 것입니다.

물론 싼 가격을 원하는 사람들도 있습니다.

하지만 모든 사람들이 그런 것은 아닙니다. 예를 들어 볼까요?

이런 이야기가 있습니다. 어떤 아이스크림 체인점이 아이스크림을 천 원 균일가로 팔았더니 사람들이 줄서서 구매하더랍니다. 보통은 그 가격의 배 이상 하는 아이스크림이었습니다. 그것을 보고 어떤 사람이 이렇게 말했습니다.

"아이스크림을 천 원에 판다고 이렇게 줄들을 서 있는 걸 보니 불경기는 불경기인가 보구나."

사실만 놓고 보면 싸기 때문에 사려고 줄을 서 있는 것처럼 보입니다.

하지만 정말로 단순히 돈을 절약하기 위해서 줄을 서 있는 걸까요?

다른 예를 하나 더 들어볼까요?

여러분은 호텔에 예약을 할 때, 인터넷으로 여기저기 검색해 보고 제일 싼 곳을 찾으려고 했던 기억은 없습니까? 그때 천 원이라도 싼 곳을 발견하면 왠지 기분 좋았던 경험은 없습니까? (저는 있습니다)

하지만 냉정하게 생각해 보면 겨우 천 원 정도의 가격 차이입니다. 정말로 단순히 천 원을 절약하려고 몇 시간이나 컴퓨터 앞에 앉아 검색하고 있었던 걸까요?

대답은 NO입니다. 고객은 '초특가'라는 이벤트와 '10원이라도 싼 곳 발견하기'라는 게임을 즐기고 있을 뿐이지 돈을 절약하는 것 자체를 간절히 원하지는 않았던 것입니다.

##  고객의 80%는 비싸도 구매한다

그렇다면 100명 중 100명의 사람들이 이 게임을 즐기고 있을까요? 그렇지는 않습니다. 그 중에는 정말로 절약하려는 사람도 있을 것이고, 반대로 싼 가격 따위는 애초부터 관심이 없는 사람도 있을 것입니다.

그러면 이런 각각의 사람들은 어떤 분포를 보이고 있을까요?

이것은 흔히 말하는 '2·6·2의 법칙'으로 설명할 수 있습니다. 만물은 상위 20%, 중간 60%, 하위 20%와 같은 층으로 나뉘어 있다고 합니다.

예를 들어 부지런함의 대명사인 꿀벌도 100마리를 모아 두면, 그 중에서 20마리는 열심히, 그리고 60마리 정도는 적당히 일하는데, 나머지 20마리는 일하지 않고 농땡이치고 있더라고 합니다.

이것은 인간사회에도 그대로 적용이 가능합니다. 예를 들어, 어떤 대기업에 10명의 직원이 있다고 하면 딱 2·6·2의 비율로 우수한 직원, 보통 직원, 생산성이 낮은 직원으로 나뉩니다. 제가 실제로 경영자들에게 이 이야기를 하면 이구동성으로 그런 것 같다고 대답합니다.

바로 이 '2·6·2의 법칙'을 소비자들에게 응용하면 다음과 같습니다.

상위 20%는 '세일 제품은 절대로 사지 않는 층', 하위 20%는 '세일 제품만 사는 층', 그리고 중간의 60%는 '세일 제품과 정가 제품을 모두 사는 층'으로 나눌 수 있습니다.

고액고객유치 마케팅에서 타깃으로 삼는 것은 상위 20% 층과 중간의 60% 층을 더한 80%의 사람들입니다. 왜냐하면, 세일 제품도 사고 정가 제품도 사는 사람들은 어느 쪽으로든 이동할 수 있는 부류라고 할 수 있기 때문입니다.

이 '어느 쪽으로든 이동할 수 있는 사람들'을 어떻게 잘 유치하느냐가 고액고객유치 마케팅의 포인트입니다.

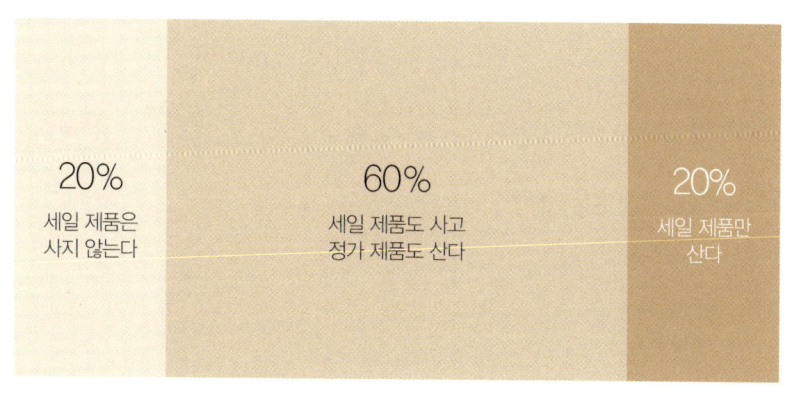

'2·6·2의 법칙' 적용하기

| 20% | 60% | 20% |
| 세일 제품은 사지 않는다 | 세일 제품도 사고 정가 제품도 산다 | 세일 제품만 산다 |

이렇게 생각하면 고액고객유치 마케팅의 타깃은 상위 20%만이 아니라 그 네 배인 80%가 되기 때문에 대상범위가 훨씬 넓어집니다.

덧붙이자면, 하위 20%인 세일 제품만 사는 사람들은 싼 가격에만 관심이 있기 때문에 고액고객유치 마케팅의 대상에서는 제외됩니다.

하지만 그렇다고 해서 걱정할 필요는 없습니다. 제 경험으로 말씀드리면, 그 사람들은 싼 것만을 추구할 뿐만 아니라 보통 사람들보다 몇 배나 더 요구사항이 많은 까다로운 사람들입니다. 그러므로 차라리 그들을 과감하게 포기함으로써, 무리한 요구나 불만 해결에 드는 시간과 정신적 에너지를 줄여 결과적으로는 비용절감효과를 얻을 수 있기 때문입니다.

아무튼 중요한 것은 '80%의 고객은 상품가치만 제대로 파악되면 비싸도 구매한다'는 점입니다.

"말씀이야 간단한 것 같지만, 사실 우리 제품으로는 더 이상의 부가가치를 낼 수 없기 때문에 고가 판매 전략은 꿈도 못 꿉니다."

이렇게 생각하시는 분 또한 안심하셔도 됩니다.

다음 장에서는 바로 그런 분들을 위해 상품에 변화를 주지 않고도 고가로 느끼게 하는, 혹은 상품가치를 높이는 데 필요한 아이디어와 구체적인 비법을 전수해 드리겠습니다.

# 2

## '가격인상'을 해도 고객이 찾아오는 3가지 비밀

# '고액고객유치 마케팅'이란?

### 고객의 '3가지 구매 패턴' 잡기

먼저, 고액고객유치 마케팅이 무엇인지 정의해 볼까요? 한마디로 말하면, '동종업계보다 가격을 높이고, 가격을 높이더라도 고객의 만족을 이끌어낼 수 있도록 하는 활동'을 말합니다.

좀 더 자세히 설명하면, 동종업계에서 모두들 가격을 올려봐야 10만 원 이상은 무리라고 푸념할 때, 이에 아랑곳하지 않고 가격을 20만 원, 30만 원으로 올리는 것을 말합니다. 또는 같은 동네에 싸게 파는 가게 각 다섯 군데나 있는데도 여러분 가게에서 구입하도록 유도하는 것을 말합니다.

객단가를 올리는 데에는 크게 나누어 다음과 같은 3가지 패턴이 있습니다.

> **패턴1** 동종업계와 똑같은 상품이 더 비싼 가격에 팔린다
> **패턴2** 동종업계에서는 일반 품목밖에 안 팔리는데, 여러분의 회사에서는 그보다 고급 품목이 팔린다
> **패턴3** 동종업계에서는 한 품목밖에 안 팔리는데, 여러분의 회사에서는 추천한 다른 품목들도 같이 팔린다.

고액고객유치 마케팅을 하면 이 3가지 구매 패턴에 의해 객단가가 오르게 됩니다.

## 필립 코틀러(Philip Kotler) 박사의 '상품'에 대한 정의

동종업계와 똑같은 상품을 취급하는데 어떻게 이런 일이 가능했을까요?

그 이유는, 고액고객유치 마케팅에서는 상품 자체보다 상품의 외적인 가치를 올리기 때문입니다.

미국의 저명한 경영학자인 필립 코틀러 박사에 따르면, 제품에는 3가지 등급이 있습니다.

다음 페이지에 있는 그림을 보시기 바랍니다.

우선 '제품의 핵심'이란, 제품을 구입함으로써 얻을 수 있는 '구매자 측의 이익'을 말합니다. 에어컨을 예로 들면, 고객은 에어컨이라는 기기를 사고 싶은 게 아니라 '방안의 쾌적한 온도'를 사고자 하는 것입니다.

다음으로 '제품의 실체'란, 실제로 팔리고 있는 상품 자체를 말하는 것으로, 에어컨의 경우라면 에어컨 자체를 가리킵니다.

## 필립 코틀러 박사의 상품에 대한 정의

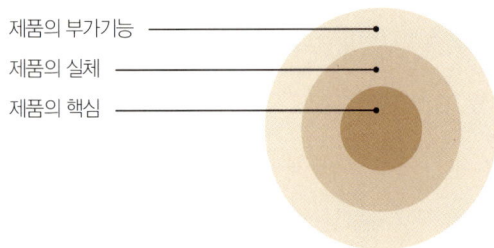

- 제품의 부가기능
- 제품의 실체
- 제품의 핵심

| | 내용 | 에어컨의 경우 |
|---|---|---|
| 제품의 핵심 | 제품을 구입함으로써 얻을 수 있는 '구매자의 이익' | 방안의 쾌적한 온도 |
| 제품의 실체 | 실제로 팔리고 있는 상품 자체 | 에어컨 자체(기능, 디자인 등 포함) |
| 제품의 부가기능 | 상품 구매시의 부가 서비스 등 | 애프터서비스, 할부 제도, 설치공사 등 |

〈구매흐름〉

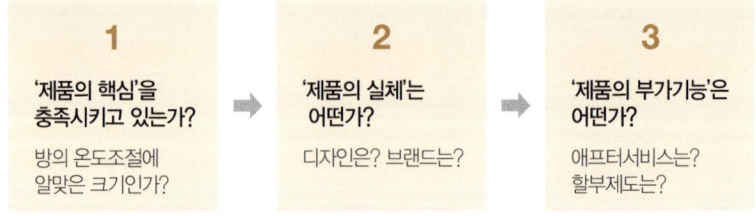

**1** '제품의 핵심'을 충족시키고 있는가?
방의 온도조절에 알맞은 크기인가?

**2** '제품의 실체'는 어떤가?
디자인은? 브랜드는?

**3** '제품의 부가기능'은 어떤가?
애프터서비스는? 할부제도는?

※『마케팅 원리 제 9판』Philip Kotler, Gary Armstrong(다이아몬드사)를 참고하여 작성

마지막으로 '제품의 부가기능'이란, 상품에 붙어 있는 서비스 등에 관한 것입니다. 예를 들면 에어컨 설치공사나 할부제도, 애프터서비스 같은 것들입니다. 그것이 없다고 해서 제품 자체에 문제가 있는 것은 아니지만, 없으면 판매하는 데에 상당한 애로사항으로 작용하는 부분들입니다.

이것을 바탕으로 고객의 구매흐름을 만들어 보면 다음과 같습니다.
우선, 고객이 상품을 구입할 때는 '제품의 핵심'을 충족시키고 있는지를 확인합니다. 에어컨의 경우는 '자기 방의 온도조절에 가장 좋은 크기인가'를 기준으로 선택 상품이 달라집니다.
'제품의 실체'는 회사 브랜드에 대한 선호도 또는 디자인의 차이일 수도 있겠죠.
그리고 마지막으로 제품A와 제품B 중 어느 쪽을 선택할지 망설여질 때 판단을 좌우하는 결정적인 요소는 '제품의 부가기능'입니다. 할부가 되는지, 애프터서비스는 되는지, 설치공사는 당장 가능한지 등과 같은 부가기능을 보고 최종적으로 결정하게 됩니다.

이처럼 넓은 의미에서 제품이란 이 세 가지 조건을 모두 포함한 것을 가리킵니다. 이같은 필립 코틀러의 제품에 대한 정의를 참고로 해서 판매 방법을 재고하는 것만으로도 판매가 훨씬 수월해집니다.
이 3가지 포인트를 염두에 두고 고객을 공략하면 효과적으로 판매할 수 있습니다.
예를 들어 에어컨의 경우라면, '제품의 핵심'에서는 '20㎡ 정도일 때의 형태', '30㎡ 정도일 때의 형태', '한 칸 방 또는 두 칸 방 겸용일 때의 형태' 등 고객이 원하는 조건에 맞추어 줄 수 있어야 합니다.

'제품의 실체'에서는 고객의 디자인 취향에도 만족을 줄 수 있어야 합니다. 그런 후 '제품의 부가기능'에서 구입의 결정적인 조건으로 고객이 원하는 게 무엇인지에 따라, 할부기간 및 애프터서비스 보증기간을 연장하거나, 당일 배송 서비스를 실시하는 등 부수적인 사항들을 조정하도록 합니다.

이와 같은 사항들을 배려해 주면 동종업계보다 비싸더라도 해당 상품을 구매할 가능성이 커집니다.

실제로 제가 현장에서 컨설팅을 할 때도 항상 이러한 관점에서 상품을 검토했기 때문에 이 방법이 객단가를 올리는 데에 효과적이라는 점은 확실하게 보증할 수 있습니다.

이 내용을 보고 별 것 아니라고 생각하거나 자신의 회사에서도 사용하는 방식이라고 섣불리 판단하지 마시길 바랍니다.

이 정도의 방법만으로는 아직 부족합니다. 왜냐하면, 일시적으로 효과가 있다고 하더라도 당장 동종업계에서 벤치마킹 할 것이기 때문입니다.

단, '상품 자체를 바꾸지 않더라도 가치를 높일 수 있다'는 사실 만큼은 이제 잘 아셨으리라 생각합니다. 지금까지 설명드린 바로 그 방식에서 출발해 업그레이드시킨 결과, '고액고객유치 마케팅 비법'이 탄생했습니다.

## 구매의욕을 자극하도록
# 상품가치를 높이는 3가지 비법

 **톰 크루즈 주연의 영화 『칵테일』에서 얻은 힌트**

톰 크루즈 주연의 『칵테일』이라는 영화를 아십니까?

영화 『칵테일』은 주인공 톰 크루즈가 우여곡절 끝에 바텐더로 성공하는 이야기를 그리고 있습니다. 영화 장면 중에서, 바텐더 주위에 손님들이 잔뜩 모여 있고 그 속에서 톰 크루즈가 멋진 쇼를 연출하며 칵테일을 만들어 보이자 주문이 쇄도하는 장면이 있습니다.

물론 고객이 지불하는 것은 칵테일 값입니다. 서커스를 보여 주는 것이 아니므로, 쇼에 대한 값을 받는 것은 아닙니다. 하지만 그런 뛰어난 기술이 칵테일의 가치를 높여줬다는 점은 쉽게 알 수 있을 것입니다.

이 이야기를 분석하는 것만으로 상품 외적인 부분에서 가치를 창출할 수 있는 방법에 대한 힌트를 찾아낼 수 있습니다.

## 상품가치를 높여 주는 3가지 요소

상품 외적인 부분에서 상품가치를 높여 주는 방법에는 3가지가 있습니다.

1. 상품을 연출한다.
2. 상품의 제공 방법을 연구한다.
3. 고객의 기대감을 높여 준다.

2의 '제공 방법'이라는 것은 고객에게 어떻게 상품을 제공하는지에 관한 것이므로 접객 방식이라고 할 수 있습니다.

예를 들면, 어떤 커플이 호텔 라운지에서 편안한 시간을 보내고 있다고 합시다. 여성이 칵테일을 주문하자, 일반적인 칵테일 잔이 아니라, 마치 다이아몬드를 연상하게 하는 눈부시게 빛나는 잔이 나왔다고 합시다. 그런 잔은 칵테일 색을 훨씬 더 아름답게 보이게 할 것입니다.(상품의 연출)

그리고 바텐더가 칵테일을 만들어 잔에 부으며 "결혼기념일, 축하드립니다. 두 분이 말씀하시는 이야기가 언뜻 들렸거든요."라고 한마디 덧붙였다면 어떨까요? 칵테일의 가치는 한층 더 높아질 것입니다.(제공방법)

이처럼 사람들은 상품 자체만을 '상품'으로 보는 것이 아니라, 상품을 둘러싼 요소와 상품을 제공하는 직원의 태도까지 포함해서 상품의 가치를 판단합니다.

거기에 또 하나, 고객이 상품 외적인 부분들을 원하고 있는지 여부도 중요합니다.

예를 들면, 좀 전의 그 고객이 직원의 태도에 대해 기쁘고 기분 좋게

느꼈다면 칵테일의 가치는 더 높아지게 됩니다.(기대감)

즉 '상품 자체'에 '상품의 연출'과 '상품 제공 방법', 그리고 '고객의 기대감'이 더해지면 상품의 가치를 훨씬 더 높일 수가 있습니다.

금액으로 나타내 볼까요?

칵테일 자체는 만 원 정도의 가치라고 칩시다.

그런데 특제 잔을 사용해서 연출함으로써 만이천 원의 가치를 창출하게 된 데다, 직원의 세련된 제공 방법에 의해 만오천 원의 가치를 가지게 되었습니다.

그리고 고객이 이런 서비스를 기대하고 있었다면 이만 원 이상의 가치를 가지게 될 수도 있습니다.

이런 식으로 가치는 끝없이 올라가게 됩니다.

저는 지금까지 이 3가지 요소를 이용해서 클라이언트와 함께 다양한 성과를 올렸습니다.

앞으로 소개할 내용들은 지금까지 실천하고 성공해 온 아이디어를 패턴에 따라 분류한 방법입니다. 각 요소 당 5가지, 즉 총 15가지 방법으로 정리되어 있습니다.

다음 장부터는 이 15가지 방법을 순서대로 전수하여 드릴 테니 아이디어를 창출하기 위한 사고패턴을 잘 익히시기 바랍니다.

단, 단숨에 다 읽는다고 해서 단번에 다 익힐 수는 없을 것이므로 차근차근 한 가지 한 가지씩 연구해 보실 것을 권합니다. 하루에 하나씩 단 15일이면 마스터할 수 있을 것입니다.

# 3

## 연출을 통해
## 상품가치 높이기

# 연출 방법에 따라 상품가치가 달라진다

### 📈 상품 연출법의 5가지 타입

제2장에서 말씀드렸다시피, 같은 칵테일이라도 조금 더 멋진 잔에 담는 것만으로 가치가 높아진다는 것은 이제 쉽게 이해할 수 있겠죠.

가치를 높이는 연출 방법은 비단 '잔'에만 한정되는 것은 아닙니다. 제가 강조하는 것은 다음의 5가지 방법입니다.

〈상품가치를 높이는 연출법〉

**1. 돋보이게 하는 방법**
상품이 가장 돋보이도록 하는 방법. 좀 전의 '칵테일 잔'에 관한 이야기가 여기에 해당된다.

**2. 에피소드**
상품에 얽힌 '에피소드'를 첨가

**3. 악센트**
상품에 약간의 특전이나 원 포인트 추가하기

**4. 추천**
글자 그대로 '○○추천'이라는 말로 상품에 권위 부여하기

**5. 희소화**
한정품과 같이 '좀처럼 구하기 힘들다'는 인상 심어주기

 

이 5가지 방법을 여러분 회사의 상품에 도입하면 상품의 가치는 분명 높아질 것입니다. 1번부터 순서대로 설명해 드릴 테니 꼭 한번 활용해 보시기 바랍니다.

또한 기본적으로 모든 업종에 응용할 수 있도록 배려했지만, 여러분의 회사 상황에 따라서는 도저히 활용할 수 없거나 활용하기 힘든 경우가 있을 수도 있습니다. 그런 경우에는 무리해서 응용하기보다는 통과해도 괜찮습니다.

왜냐하면, 가령 3가지 정도만 적용하게 되더라도 동종업계의 어떤 회사보다도 훨씬 앞서갈 가능성이 충분하니까요.

이제 마음의 준비는 되셨는지요. 그러면 시작해 볼까요?

연출법 1 | 돋보이게 하기 | 1일째

# 상품이 돋보이는
# 장면 연출하기

 **스파이스로 맛내기**

단순히 '보이는' 것이 아니라 '돋보이게 하는' 것입니다. 즉 매력적으로 보이도록 하는 것이 중요합니다. 매장에 놓인 마네킹에는 멋지게 코디된 옷이 입혀져 있습니다. 그것을 보면 누구나 머리끝에서 발끝까지 코디된 것을 다 사고 싶은 충동에 빠집니다.

이처럼 상품이 가장 멋있어 보이도록 연출하면 상품가치는 훌쩍 뛰어오릅니다. 아이디어를 짜내어 고객으로 하여금 '비싸더라도 꼭 사고 싶다'는 생각이 들도록 상품을 돋보이게 하는 방법을 생각해 봅시다.

예를 들어 음식점이라면, 요리 자체보다는 담는 방법이나 식기를 이용하여 가치를 높이는 것도 매우 효과적인 방법입니다.

'어린이용 런치 세트'는 아이들이 좋아할만한 장난감을 장식하거나, 오므라이스에 국기를 꽂아서 서비스하는 방법만으로도 아이들을 흥분시킬 수 있습니다. 이 방법은 어른들에게도 충분히 적용 가능한 테크닉입니다.

어떤 해물 전용 레스토랑에는 큰 고래 모양을 한 그릇의 뚜껑을 열면 해물요리가 가득 담겨 있는 메뉴가 있습니다. 이것은 '뱃속을 쩍 갈라 보니 고래가 통째로 삼킨 해물들이 요리되어 있었습니다'라는 가게 주인의 소박하면서도 센스 있는 유머인 셈입니다.

단지 요리를 만들어내는 데에 그치지 않고 그 요리를 어떻게 담아 제공할 것인지에 대한 아이디어를 응용하면, 소비자들은 요리 자체보다는 그 아이디어에 끌려 비싸더라도 자주 주문하게 되고, 그 요리는 인기메뉴가 됩니다. 그야말로 '어린이용 런치 세트 효과'입니다.

음식점 경영자들은 자신의 요리에 자부심을 가지고 있는 분들이 많습니다. 그렇기 때문에 '나는 맛으로 승부를 걸겠다'고 생각하는 경향이 있습니다.

하지만 맛은 주관적이기 마련입니다. 그때그때의 기분이나 컨디션에 따라서 고객은 맛을 다르게 느낄 수 있습니다. 그렇다면 보기 좋게 담아서 고객의 기분을 좋게 만들어 음식을 더 맛있어 보이게 하는 것도 음식의 맛을 더하는 중요한 스파이스입니다.

또한 슈퍼마켓 같은 소매점이라면 음식을 보기 좋게 담아내는 것 대신에 상품의 '진열 방법'을 잘 연구해 보는 것도 좋은 방법이겠습니다.

예를 들어, 겨울이라면 진열대를 새하얗게 칠해서 '눈 세상'을 연상하게 하는 것도 재미있을 것 같지 않나요?

조금만 신경을 쓰면 돋보이게 하는 방법을 찾을 수 있습니다.

## 단점을 장점으로! 발상 전환하기

중소기업은 직원이 적고 설비가 부족하다는 이유 때문에 스스로 콤플렉스를 갖기 십상입니다.

하지만 직원이 적다면 가족적인 분위기로 정성을 다한다는 점을 강조하면 될 것이고, 자격 있는 전문가가 적다면 '탁상공론보다는 현장경험이 풍부하다'며 실무경험을 어필하면 됩니다.

또한 설비가 잘 갖춰지지 않았다면, '하나하나 수작업으로 꼼꼼히 만들고 있다'는 식으로 강조하면 상황을 역전시킬 수도 있습니다.

미국의 한 중고의류 전문점에서는 일손이 모자라서 마진이 많이 남는 수선과 재봉일 주문을 받을 시간이 없었습니다. 하지만 어느 날 가게 주인이 디즈니랜드에 놀러 갔을 때, 디즈니랜드 직원들이 흥겹게 즐기듯이 청소하는 모습을 보고 '청소도 쇼처럼 재미있게 하는구나' 하며 감탄했다고 합니다.

여기에서 힌트를 얻은 주인은 '수선 및 재봉 작업 시범 쇼'라는 문구를 적은 POP 광고를 내걸어 직원들이 영업시간 중에도 수선과 재봉 일을 마음껏 할 수 있게 했습니다. 게다가 작업 중인 직원들에게 고객들이 신기한 듯 다가가서 관심을 보이게 되면서 그때까지 수선이나 재봉에는 전혀 관심도 없었던 고객들까지 수선과 재봉 일을 부탁하게 되었습니다.

일반적으로는 영업시간에 수선과 재봉 일을 해서는 안 된다고 생각하기 마련입니다. 하지만 발상의 전환을 통해 '수선 및 재봉 작업 시범 쇼'라고 인식시킴으로써 영업시간 중에도 작업을 할 수 있었을 뿐만 아니라 주문도 더 늘어나게 하는 선순환 패턴을 만들었던 것입니다.

또한 점포 공간이 좁다면 그것을 오히려 역이용하는 방법도 있습니다.

예를 들면, 미국의 구두점에서는 일반적으로 구두를 한 짝만 진열합니다. 이유는 간단합니다. 한 짝만 진열하면 같은 공간에 여러 종류의 구두를 2배나 진열할 수 있기 때문입니다.

제 생각에는 여성용 구두점이라면, 궁전에 한쪽 유리구두를 놓고 온 신데렐라에 비유해서 '고객님에게 딱 맞는 유리구두를 찾으십시오.'라는 POP 광고를 내걸면 재미있을 것도 같습니다.

그렇게 하면 '점포가 좁다'는 단점을 완전히 감추고, 마치 멋있게 연출하기 위해서 일부러 한 쪽 구두만 진열하고 있는 것처럼 보여 고객의 시선을 끌 수 있을 것입니다.

브레인스토밍

상품은 어떻게 연출하느냐에 따라 얼마든지 가치를 높일 수 있다는 말을 충분히 이해하셨겠죠?

며칠 전에 고교야구를 봤더니 어느 고등학교에서는 주차장 등에서 흔히 사용하는 컬러콘에 응원문구를 적어서 메가폰 대용으로 사용하는 장면이 있었습니다. 컬러콘은 5천 원도 안 되는 가격이지만, 이 학생들에게는 아마도 수 백만 원, 수 천만 원의 가치로 느껴질 것입니다.

그래서 생각해 낸 것이 '우리 학교의 우승을 응원하는 마법의 메가폰'이라는 문구를 만들어 '우승'이라는 글자가 큼직하게 적힌 컬러콘과 추가로 매직 펜을 세트로 묶어서 5만 원 정도에 팔면 어떨까 하는 것이었습니다.

여러분 회사의 상품이 흔하디 흔한 상품이라 하더라도 이처럼 약간의 아이디어를 내서 돋보이게 연출하는 것만으로 상품가치는 비약적으로 높아질 수 있습니다.

꼭 한번 생각해 보시기 바랍니다.

나라면 이렇게 하겠다!

# 생각나는 아이디어를 메모해 볼까요?

연출법 2 | 에피소드　2일째

# 상품 관련 '에피소드' 가미하기

 **'개발비화' 가미하기**

예전에 '신화창조의 비밀'이라는 프로그램을 방송했었습니다. 보신 분들도 많으시겠죠?

상품개발을 둘러싼 여러 가지 비화, 그리고 상품개발에 동참했던 주인공들의 땀과 눈물의 이야기를 그린 감동적인 프로그램이었습니다.

그 프로그램을 보신 분들은 거기에 소개된 상품들의 가치를 평소 생각했던 것보다 훨씬 높게 평가하게 되었을 것입니다. 에피소드가 상품의 가치를 높인다는 좋은 예입니다.

이런 식으로 여러분 회사의 상품도 에피소드를 이용하여 가치를 높여 볼까요?

예를 들면, 한 양품점에서는 고객의 데이터를 꼼꼼하게 관리하여 고객에게 어울리는 옷과 취향에 맞는 옷을 자연스럽게 권해 줍니다.

물론, 이것만으로도 충분히 훌륭한 서비스입니다. 단, 고객에 대한 데이터를 꼼꼼히 관리하더라도 그 사실을 알리지 않기 때문에 그런 수

고에 대해 고객이 알아줄 리가 없습니다. 고객데이터를 분석한 결과가 아니라 적당히 권하는 것쯤으로 생각할 수도 있습니다.

그렇다면 이제는 그런 사실을 공개해서 상품가치를 높이는 방법을 생각해 보는 것은 어떨까요? 그 방법은 다음과 같습니다.

> 저희는 개업 이래, 저희 점포를 이용하신 고객들의 데이터를 파일화해서 다음에 방문하실 때 어떤 옷이 더 잘 어울릴지, 어떤 옷이 고객 분들의 마음에 들지를 진지하게 분석하고 연구해왔습니다.
> 또한, 고객님들에게 만족할만한 서비스를 제공하기 위해 전직원은 컬러 코디네이터 자격증도 취득했습니다.
> 최근에는 저희 점포를 방문해 주신 고객님들에게 저희가 분석한 파일을 나누어 드려 고객님이 다른 가게를 이용하실 때에도 손쉽게 옷을 고를 수 있도록 서비스하고 있습니다.

이런 에피소드를 전단지와 팸플릿 등에 써 주면, 지금까지는 단순히 '센스 있는 좋은 가게'로만 알았는데 '고객을 위해 끊임없이 노력하는 멋진 가게'로 인식될 것입니다.

물론 지금까지도 고객 서비스에 정성을 다해 왔지만 그 점을 직접 표현함으로써 비로소 고객이 알아주는 경우도 많습니다.

물론 드러내지 않고 하는 것도 좋겠지만, 요즘 같은 정보의 홍수 시대에는 직접 어필하는 것이 미덕이 경우도 많습니다.

또한 동종업계에서 똑같은 서비스를 하고 있다고 하더라도 먼저 어필한 것은 이쪽이므로, 고객들은 이쪽을 오리지널로 생각하게 될 것입니다.

## '휴먼드라마'를 호소력 있게 피력하기

사람들은 휴먼드라마를 좋아합니다. 하나의 결실을 이루어내기 위해 얼마나 힘들었는지, 얼마나 많은 피와 땀을 쏟아냈는지 같은 이야기에 감동하고 또한 그로 인해 상품가치도 높아집니다.

이제 우리도 이 사업을 시작하게 된 동기와 이 사업을 통해서 고객에게 어떤 만족을 드리고 싶은지를 적어 봅시다.

예전에 어느 건축회사로부터 상담 의뢰를 받은 적이 있습니다. 하청업체 딱지를 떼고 최종 소비자와 직거래하는 사업을 하고 싶다는 내용이었습니다. 하지만 지명도가 없으니 주문이 들어올 리 없습니다. 지명도를 높이기 위해서는 실적을 쌓을 수밖에 없는데 실적이 제로이니 지명도 또한 생길 리 없는 악순환의 연속입니다. 이처럼 해결의 돌파구가 전혀 보이지 않았습니다.

그래서 저는 이런 제안을 했습니다. 우리 회사는 왜 하청업체에서 독립을 결심하게 되었을까? 바로 이 점을 휴먼드라마처럼 호소력 있게 어필해 보는 게 어떠냐고 말입니다. 그래서 다음과 같은 내용의 광고를 내기로 했습니다.

> 목표라는 걸 가지고 있지도 않았던 저는 아무 생각 없이 아버지의 뒤를 이었습니다. 그래서 처음에는 제 일에 대한 아무런 열정도 없었습니다.
> 그러던 어느 날, 주방과 욕실에 물이 잘 나오지 않는다는 어느 고객의 집을 점검하기 위해 찾아갔습니다. 점검이 끝나자 그 분은 제게 주거환경과 관련된 여러 가지 힘든 점들을 절절히 호소하는 것이었습니다. 저를 의지해 여러 가

> 지 애로사항을 털어 놓는 고객을 보며 많은 것을 깨닫게 되었습니다. 사람들은 주거환경에 대해 여러 가지 생각들과 꿈을 가지고 있구나 하고 말입니다.
> 이 일로 인해 저는 남은 인생을 이 일에 쏟아 붓자고 다짐했습니다. 그러기 위해서는 지금까지 해 온 방식으로는 안 되겠다고 생각했습니다. 그래서 하청 사업을 청산하고 제 스스로가 만족할 수 있을 정도의 결과물을 위해 정말 제대로 한번 일해 보자고 결심했습니다.

어떻습니까?

이런 회사라면 제대로 시공해 줄 것 같은 느낌이 들지 않습니까?

건축사업과 조경사업, 컨설턴트 등 실제로 서비스를 받아 보지 않고는 일의 결과물을 알 수 없는 비즈니스의 경우는 이처럼 인간적인 면을 전면에 내세우는 것이 가치를 높이는 최선의 방법입니다.

### 브레인스토밍

에피소드가 가치를 높인다는 말을 충분히 이해하셨겠지요?

며칠 전, 어느 음식점 컨설팅 관계자와 명함을 교환할 기회가 있었습니다. 놀랍게도 그 사람의 명함에는 '음식점을 망해 먹은 경험에서 얻은 노하우를 살려서 지도합니다'라고 적혀 있었습니다.

너무 인상적인 말이어서 그 사람의 홈페이지에 들어가 보았습니다. 그 곳에는 자신의 실패담과 더불어 자기와 똑같은 전철을 밟지 않기를 바란다는 간절한 바람이 담긴 글들이 곳곳에 실려 있어, 오히려 훨씬 더 믿음직스럽게 다가왔습니다.

이처럼 감추고 싶은 일이라도 당당히 밝힘으로써 가치를 높일 수도 있습니다.

우선은 좋은 일이든 나쁜 일이든 종이에 한번 써 보는 건 어떨까요?

> 나라면 이렇게 하겠다!

## 생각나는 아이디어를 메모해 볼까요?

**연출법3 | 악센트  3일째**

# 악센트만 주어도
# 상품은 180도 바뀐다

## 📈 마음에 여운을 남기는 광고 카피 만드는 방법

**액**세서리는 이상한 힘을 가지고 있습니다. 예를 들어, 귀걸이 하나만 하더라도 하느냐 안 하느냐에 따라 전체 인상이 확 달라집니다. 여기에서 소개할 세번째 연출법인 '악센트'는 이와 관련된 이야기입니다. 똑같은 상품이라도 확실한 악센트가 있느냐 없느냐에 따라 그 상품이 팔릴지 안 팔릴지 또는 비싼 돈을 지불할지 말지가 결정됩니다.

이처럼 어느 한 부분을 강조함으로써 그 상품의 가치를 올리자는 것이 '악센트'의 가장 큰 의도이자 목적입니다.

어느 원예업자는 개업 당시 지명도가 낮기 때문에 가격으로 승부를 걸 수밖에 없었습니다. 그러다가 개업한 지 3년이 지나자 더이상 싼 값으로 승부를 걸어서는 안 되겠다는 생각에 '악센트'를 주기로 마음먹었습니다.

그래서 아파트에 사는 사람들의 가려운 곳을 긁어줄 만한 키워드, '집이 1.2배 넓어 보이는 원예'라는 문구를 전면에 내걸었습니다. 그 결과,

한정된 공간을 효율적으로 활용하고 싶어하는 다수의 고객들을 유치하는 데 성공했습니다.

물론, 동종업계에서도 이와 같은 레이아웃을 이용해 사업을 전개하는 것도 충분히 가능한 일이겠죠. 하지만 이 회사처럼 마음에 와 닿는 캐치프레이즈를 내놓게 되면 '이 업자는 내 심정을 어쩜 이렇게 잘 알아줄까' 하는 생각을 하는 고객들로부터 신뢰감을 얻게 됩니다.

할 수 있다 없다가 아니라, 고객들게 꼭 이런 것을 해 드리고 싶다는 의지를 보여주는 것 자체에 가치가 있습니다.

'마음에 여운을 남기는 광고 카피'는 중소기업이 돈 들이지 않고 아이디어를 내서 창조할 수 있는 '악센트'입니다.

## 스타 만들기

여기에서 말하는 '스타'란 고객을 끄는 이미지 캐릭터, 혹은 광고 탑과 같은 것을 뜻합니다. '스타'라고 하면 마치 연예인이나 대스타를 떠올리기 마련인데, 사실은 앞서 언급한 '마음에 여운을 남기는 광고 카피'와 마찬가지로 거의 비용을 들이지 않고 스타를 만들 수 있는 방법이 있습니다.

예를 들어, 중소규모의 스포츠용품점은 대형쇼핑센터들이 여기저기에 생겨남에 따라 예전보다 영업환경이 어려워졌습니다.

이를 타개하기 위해 스타를 만들어 악센트를 주는 방법을 생각해 봅시다. 물론 타이거 우즈와 같은 유명인을 이미지 캐릭터로 내세우기란 중소기업에게는 현실적으로 힘든 이야기입니다. 그래서 '그 지역에 뿌리를 둔 비즈니스'라는 점을 어필하는 방법을 생각해 봅니다.

만약 그 지역에 축구에 강한 학교가 있다면 그 학교를 지원해서 '그 지역의 스타'를 이용하는 방법도 좋습니다. 예를 들어, '○○고등학교 축구부 응원 캠페인' 같은 것은 어떨까요? 이 가게 수입의 일부를 축구부에 지원한다거나 고객과 함께 응원하러 가는 투어를 짜는 것도 괜찮을 것입니다.

이 방법은 물론 다른 분야에도 얼마든지 응용할 수 있습니다.

스타(광고탑)라고 하면 당장 돈부터 들일 생각을 하기 마련입니다. 하지만 그래서는 채산이 맞지 않습니다. 따라서 다른 지역에서는 통용되지 않더라도 그 지역에서만은 통용되는 어떤 것, 혹은 스포츠를 좋아하는 사람들 사이에만 통하는 그런 사람을 스타로 삼으면 다른 회사는 흉내조차 내지 못할 것입니다.

게다가 스타가 된 축구부가 이 가게의 팬이 되고, 그 팬이 또 다른 팬을 만듭니다. 이렇게 해서 생긴 고객은 아무리 대형스포츠용품점이 근처에 생기더라도 쉽사리 발길을 돌리지 않습니다.

악센트를 주는 것만으로 상품은 전혀 달리 보인다는 점을 충분히 이해하셨겠지요.

저는 인도와 스리랑카 카레를 좋아해서 여러 카레 전문점에 가는 편인데, 그 중에서 비교적 자주 가는 곳이 있습니다. 그 가게 메뉴가 다른 곳에 비해 크게 차이가 있냐 하면 솔직히 그렇지는 않습니다.

그러면 왜 그 가게에 자주 갈까요?

그곳에서는 식후에 홍차를 시키면 어떤 퍼포먼스를 볼 수 있기 때문입니다. 그 퍼포먼스란, 두 개의 컵을 이용해 홍차와 우유를 한 컵에서 다른 컵으로 옮기면서 섞는 것입니다.

단지 그뿐인데도 보는 것이 즐거워서 자주 가게 되고 친구와 식사하러 갈 때에는 그 이야기로 화제를 삼기도 합니다. 물론 가격이 다른 가게보다 조금 비싸더라도 상관하지 않습니다.

나라면 이렇게 하겠다!

## 생각나는 아이디어를 메모해 볼까요?

**연출법 4 | 추천 4일째**

# 소비자는 '권위 있는 상품'과 '누구나 가지고 있는 상품'에 약하다

## 📈 상품에 권위 부여하기란?

추천을 받아 상품에 권위를 부여함으로써 상품가치를 높이는 방법입니다. 여러분이 다니는 회사 상품 중에서도 특히 사회적 인지도가 낮은 상품에 적용해 보십시오.

왜냐하면, 판매회사가 아무리 좋은 상품이라고 떠들어 보아야 그것은 단순한 '영업행위'로밖에 안 보이지만, 추천이란 것을 받게 되면 갑자기 이미지가 달라지기 때문입니다.

중고차 매매수리업을 하는 한 경영자는 가격경쟁이 치열해져서 자동차를 한 대 팔아도 거의 남는 게 없다는 사실에 고민하고 있었습니다. 한때는 비교적 이익이 많이 남는 자동차 수리를 주업으로 할까도 생각했지만 직원들의 나이도 고령이고 해서 포기해야 했습니다.

그러던 중 그가 생각하여 내건 캐치프레이즈는 '내 차에 자연을 담는다!'였습니다. 음이온이 나오는 장치를 장착해 주겠다는 뜻입니다. 이익이 많이 남는 상품이기 때문에 잘만 되면 틀림없이 대박이 날 터였습니다. 그런데 처음엔 생각보다 잘 팔리지 않았습니다.

이 때 필요한 것이 바로 상품에 권위를 부여하는 일이었습니다. 음이온에 대한 신문기사를 꼼꼼히 정리해 광고하고 음이온을 연구하는 대학교수에게 추천장을 부탁했습니다. 그 결과 처음엔 냉담한 반응을 보이던 고객들도 한 명 두 명 구입하게 되어 회사로서는 확실한 수입원이 생기게 되었습니다.

이처럼 사회적 신용도가 높은 신문기사와 대학교수의 추천장을 잘 활용함으로써 상품에 대한 신용도를 높인 것입니다.

이 밖에 상공회의소와 같은 공공기관에 등록하는 것도 매우 효과적인 방법입니다. 회사의 신용도가 부족하다고 느껴진다면 공신력 있는 사람이나 기관의 힘을 빌려서라도 간접적으로 상품의 가치를 높이는 것이 중요합니다.

###  누구나 가지고 있다는 느낌을 주려면

**만**약 '권위 부여하기'가 어렵다면 수량을 동원해 승부하는 방법도 있습니다.

예를 들어, 음식점이 망하는 상황을 하나 들어 볼까요?

개업 당시에는 비싸면 손님이 오지 않을 거라고 생각해 1만 원 이하의 세트 메뉴를 중심으로 시작했습니다. 그랬더니 '싸고 맛있는 집'이라는 평판이 나 고객이 그럭저럭 북적거리게 되었습니다. 그런데 막상 수익성을 따져보니 거의 남는 것이 없었습니다. 그래서 2만 원에서 3만 원짜리 코스메뉴를 만들어 고객에게 추천할 수밖에 없었는데, 거의 주문하는 사람이 없었다고 합니다.

고객들의 마음에 이미 한 가지 메뉴가 굳어져 선택의 여지가 없이 당연히 그 메뉴만 주문하게 되었기 때문입니다. 그렇게 되면 아무리 '오늘의 추천 메뉴'라고 권유해 본들 비싼 코스 메뉴에는 관심을 가져 주지 않습니다.

그래서 제가 권해 드린 것이 '누구나 가지고 있다'는 것을 어필하는 방법입니다.

예를 들어, 캠페인 형식을 빌려 무료 시식 행사를 개최하고 소감을 묻도록 합니다. 물론 만족했다는 의견이나 웃는 표정을 담은 사진이 필요하기 때문에 약간의 장치가 필요합니다.

'시식에 참가한 분들 중에서 만족하신 분의 의견을 모집하고 있습니다. 재미있는 의견을 보내 주시는 분께는 멋진 선물을 드립니다.' 이런 방법을 동원해서 자연스럽게 좋은 의견을 적도록 하는 심리를 이용하는 것도 좋겠지요. 그리고 고객의 목소리라는 이름으로 가게 안에 게시해 둡니다.

이처럼 새로운 흐름을 만들기 위해서는 체험자의 의견을 모집하는 노력이 필요합니다. 어느 정도의 수가 모이면 그만큼 가치가 높아져, 결과적으로 팬들이 모이게 됩니다. 그것을 돌파구 삼아 점점 새로운 메뉴를 개발하고 비싼 메뉴 쪽으로 자연스럽게 바꿔가게 합니다.

개중에는 그런 비용을 들이는 것이 아깝다고 생각하는 분도 계실 것입니다. 하지만 시간을 들여 조금씩 고객을 유치하기보다는 비용을 좀 들이더라도 판매하고자 하는 상품을 더 빨리 확산시키는 것이 훨씬 경제적인 방법입니다.

##  브레인스토밍

추천을 받거나 고객의 목소리를 모집하는 것이 얼마나 효과적인지 충분히 이해하셨겠지요?

이 방법을 잘 이용한 좋은 예가 바로 홈쇼핑입니다. 상품이 얼마나 훌륭한지를 조목조목 설명하고 초청한 연예인도 해당 상품을 적극 추천합니다. 그렇게 상품의 가치를 한껏 올려놓은 뒤, "그럼 이 화제만발 상품의 가격은……." 하면서 운을 떼고는 시청자들이 추측하는 가격보다도 훨씬 다운된 가격을 제시합니다. 그러면 시청자들은 '한번 구입해 볼까' 하는 마음이 생기게 되는데, 거기에 쐐기를 박는 멘트가 나갑니다. "이것만 드리는 것이 아닙니다. 본 상품과 더불어 ○○와 △△까지 사은품으로 드립니다." 이렇게 되면 시청자들의 마음은 이미 사자 쪽으로 기울고 맙니다. 홈쇼핑에 종사하는 사람들에게 이야기를 들어 보니, 어떤 상품이라도 이 방법을 이용하면 팔리지 않을 수가 없다고 합니다.

그러고 보니 저도 한밤중에 멍하니 TV를 보고 있다가 필요도 없는데 그만 사고 만 적이 몇 번인가 있었습니다. 그 만큼 '다른 사람의 소감'을 이용하는 것은 대단한 효과가 있습니다.

부디 비용을 들여서라도 추천 소감을 모을 수 있는 아이디어를 내어 보십시오.

> 나라면 이렇게 하겠다!

## 생각나는 아이디어를 메모해 볼까요?

연출법 5 | 희소화  5일째

# 한정으로 소비자의 구매욕 자극하기

 **'인원 한정' 효과로 만족도 높이기**

**희**소가치라는 말이 있듯이 수가 제한되면 그만큼 가치가 높아지는 법입니다. 예를 들면, 옛날에는 고래가 지천으로 널려 있어서 가격이 매우 저렴했다고 합니다. 그런데 희소성이 높아진 요즘은 올려다보지도 못할 가격에 팔리고 있는 실정입니다.

한 체인점에서는 '최상의 아침식사'라는 이름으로 두 사람만을 위한 식사에 100만 원이라는 고가의 메뉴를 만들었습니다. 물론 재료도 비싸고 좋은 것을 사용하겠지만 그게 다가 아닙니다. 그 시간대에 가게를 통째로 빌려주는 개념이기 때문에 모든 직원들이 그 두 사람만을 위해 모든 서비스를 하는 상황이 그 메뉴의 가치를 높여준 것입니다. 왜냐하면, 단 두 사람을 위해 모든 직원들이 신경을 쓰니 그야말로 최고의 서비스가 제공되기 때문입니다.

그 결과 반드시 감동할 수밖에 없는 최상의 서비스가 이루어지고 단골고객 확보와 입소문 효과를 기대할 수 있을 뿐만 아니라 100만 원 이

하의 메뉴가 왠지 싸게 느껴지는 대비효과까지 낳게 됩니다.

이처럼 인원수를 한정하면 '자기만 받을 수 있는 서비스'라는 가치를 잘 활용할 수 있습니다.

개인레슨도 그렇지만 일대일 서비스를 제공한다는 것은 그 자체로 가치를 가지게 됩니다.

## 📈 '기간 한정'으로 구매욕 자극하기

또한 기간 한정을 어필하는 방법이 있습니다. 대부분의 사람들은 굳이 지금 안 사도 나중에 사면 된다고 생각해, 그 상품의 가치를 깨닫지 못합니다. 그렇기 때문에 기업이 고객에게 희소 가치를 자세히 설명함으로써 깨닫게 해 주는 것도 중요합니다.

예를 들면, 제철 식품을 잘 매입하고 관리하는 마트에서는 그 가치를 충분히 어필할 필요가 있습니다. 고객은 비닐하우스재배 식품에 익숙해 언제든 먹을 수 있는 것을 당연하다고 생각하기 때문입니다.

저 역시 부끄럽게도 요즈음의 제철 음식이 무엇인지 잘 모르는 경우가 허다합니다. 그러니 저보다 젊은 사람들이야 더 이상 거론할 필요도 없겠지요. 게다가 요즘 젊은 사람들은 제철 음식이든 하우스재배 식품이든 맛에 별 차이가 없다고 생각하는 이들이 많습니다.

그렇기 때문에 POP 광고 등을 잘 이용하여 자세한 설명을 덧붙여야 합니다. 예를 들면 다음과 같은 내용으로 어필하는 것이 좋습니다.

> 태양을 듬뿍 받고 자라난 딸기입니다!
> 비닐하우스재배 식품에서는 도저히 그 맛을 흉내낼 수 없습니다.
> 꼭 한번 맛보시기 바랍니다!

그리고 옆에는 자연산으로 구할 수 있는 제철 기간을 명시해 둡니다. 그렇게 어필해야 비로소 지금이 아니면 느낄 수 없는 맛이라는 사실을 깨닫게 되어 서둘러 구입하게 되는 것입니다.

또한 식료품점이 아니더라도 계절을 이용할 수 있습니다. 예를 들면, 한 패스트푸드점에서는 꽃놀이 시즌을 놓치지 않고 꽃놀이 사진과 꽃놀이 가기에 좋은 가까운 장소를 체크해 가게 안에 게시했더니 고객들에게 호평을 얻었다고 합니다.

꽃놀이 시즌이나 야외 이벤트 등은 잠깐 방심하는 사이에 끝나버리는 경우가 많습니다. 이처럼 계절이 한정되어 있는 아이템을 이용하면 그 계절에만 맛볼 수 있다는 점에서 고객들의 마음을 움직이게 만들 수 있습니다.

'한정'이라는 것 자체로 가치가 높아지고 사고 싶어진다는 매커니즘에 대해 잘 이해하셨겠지요.

최근의 경영세미나는 참가비가 낮을수록 오히려 참가자를 모으기 힘들어졌다고 합니다.

한편, 가격이 조금 비싸더라도 내용을 알차게 꾸미고 소규모 인원에 한해서 충분한 시간을 들이는 세미나에 오히려 참가자가 늘어나는 추세입니다. 소규모 인원이기 때문에 강사도 참가자 개개인에게 더 신경을 쓸 수 있고, 참가자들 또한 모르는 점에 대해서 질문하기 쉽기 때문입니다.

중요한 것은 오더메이드에 가까운 맞춤식입니다. 다소 비싸더라도 자신에게 맞춰준다는 점이 가치를 높여줍니다.

이것은 모든 비즈니스에 적용되는 점이기 때문에 부디 꼭 한번 응용해 보십시오.

나라면 이렇게 하겠다!

## 생각나는 아이디어를 메모해 볼까요?

### 포인트 정리

자 어떤가요?

'돋보이게 하는 방법', '에피소드', '악센트', '추천', '희소화'의 다섯 가지 방법을 하나하나 각자의 회사에 적용해 본다면 여러분 회사의 상품 가치는 상당히 높아질 것입니다.

만약 여러분의 회사에 응용하기 힘들어서 현 상황에서는 적용할 수 없는 방법이 있더라도 괜찮습니다. 당장 적용 가능한 방법을 먼저 적용하여 상품가치를 높이는 것이 중요합니다. 다음 페이지에 알기 쉽게 그림으로 정리해 두었으니 같이 복습해 볼까요?

### 상품가치를 높이는 5가지 연출법

## 1. 돋보이게 하는 방법

➡ 상품이 가장 돋보이게 하는 장면을 연출한다.
  → 담아내는 방법 등에 대한 아이디어를 내어 보기 좋게 연출한다.
  → 역발상을 이용해 단점을 장점으로 보이게 한다. 직원들이 적다면 가족적인 분위기로 최상의 서비스를 제공한다는 점을 강조.

## 2. 에피소드

➡ '개발 비화' 등 상품과 관련된 '에피소드'를 만들어낸다.
  → 개발 비화와 뒷이야기를 일부러 들추어 이야기한다.
  → 현재의 비즈니스를 시작한 계기와 고객에게 어떤 만족감을 주고 싶은지 등 열의와 성의를 담아 '휴먼드라마'처럼 어필한다.

## 3. 악센트

➡ 포인트를 주는 것만으로 상품이 확 달라진다.
  → 마음에 여운을 남기는 광고 카피를 만든다.
    회사가 고객에게 제공하고 싶은 점을 내세우는 것이 좋다.
  → 스타(이미지 캐릭터, 광고탑)를 만든다.

## 4. 추천

➡ 소비자는 '권위 있는 상품'과 '누구나 가지고 있는 상품'에 약하다.
  → 사회적 신용도가 높은 신문기사나 대학교수의 추천장을 활용해서 자사 상품의 신용도를 높인다.
  → 무료체험 이벤트 등을 통해 '고객의 목소리'를 많이 모은다.

## 5. 희소화

➡ 수량과 시간이 한정되면 그만큼 '구매의욕'이 자극된다.
  → '수량 한정'을 어필한다. 자신에게만 제공되는 서비스라는 매력이 생긴다.
  → '기간 한정'을 어필한다. 시간이 지나면 살 수 없다는 생각이 고객의 마음을 움직인다.

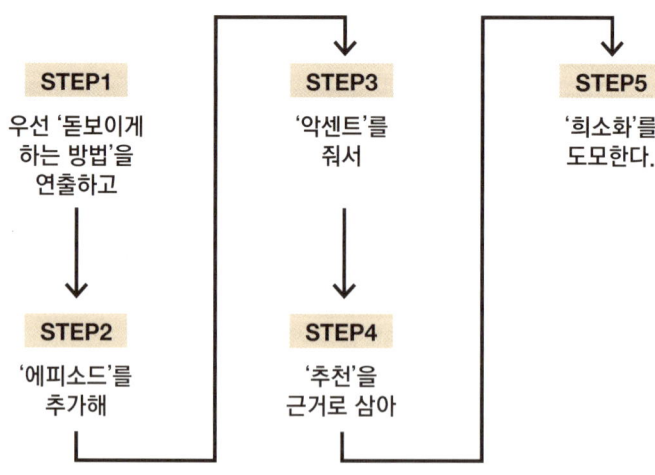

# 4

## 대고객 서비스로
## 부가가치 높이기

## 대고객 서비스로
# 한층 더 상품가치 높이기

저는 지금까지 많은 비즈니스를 보아 오면서 느낀 바가 있습니다. '머잖아 기술적인 면에 있어서는 대부분의 비즈니스가 자동판매기로 대체될 가능성이 있다'는 것입니다.

예를 들면, 음식점 대신에 메뉴 버튼을 누르면 맛있는 요리가 조리되어 나오는 기계가 등장할 수도 있고, 미용실 대신에 컴퓨터에서 디자인한 데이터를 판독해서 그 모양대로 해 주는 기계가 나올지도 모릅니다.

즉 상품과 서비스를 기계적으로 팔기만 한다면 자동판매기와 다를 바가 없다는 뜻이 됩니다. 만약 그런 시대가 온다고 해도 살아남을 수 있는 기업이란 고객과 신뢰관계를 쌓아서 고객이 진정으로 원하는 바를 파악해 고객의 입장에서 생각하는 파트너와 같은 존재가 될 수 있는 기업일 것입니다. 이런 기업이라면 이제 가격경쟁과는 무관한 세계에서 비즈니스를 할 수 있게 됩니다. 왜냐하면, 일단 돈독한 신뢰관계가 형성되면 둘 사이에는 가격을 놓고 흥정하려 하지는 못 할 것이기 때문입니다.

알기 쉬운 예가 의사의 경우입니다. 자신의 병을 고쳐 주는 의사 선생님에게 지불하는 돈을 흥정하는 환자는 없을 것입니다. 오히려 돈을 더 지불하고라도 확실하게 치료 받기를 원하겠지요. 다른 비즈니스에서도 마찬가지입니다.

신뢰관계를 쌓기 위한 구체적인 방법으로는 다음의 5가지가 있습니다.

〈상품가치를 높이는 제안 방법〉

**1. 공감**
고객과 생각을 공유함으로써 '자기를 알아주는 사람', '신뢰할 수 있는 사람'으로 생각하게 한다.

**2. 파악하기**
고객이 정말로 힘들어하는 점, 진정으로 바라는 점을 발견해낸다.

**3. 제안**
어떻게 해야 고객에게 더 큰 이익이 되는지를 프로의 입장에서 제안한다.

**4. 지식**
상품에 관한 전문지식과 고객의 마음을 끌 수 있는 잡학적인 지식이 상품가치를 높인다.

**5. 캐릭터**
신뢰할 수 있는 매력적인 캐릭터가 되어 고객의 진정한 파트너가 되어 준다.

이상의 5가지 방법은 사람에 따라 차이는 있겠지만 크게 어려운 사안은 아니므로 순서대로 한번 적용해 보시기 바랍니다.

제공 방법 1 | 공감  6일째

# '공감'으로 고객과의 튼튼한 신뢰관계 형성하기

 **고객의 상품에 대한 불신 잠재우기**

"이 사람이라면 믿을 수 있어. 날 도와줄 거야."
"이 사람의 도움이 필요해."

고객이 이렇게 생각하도록 유도하기 위해서는, 즉 고객으로부터 신뢰를 얻기 위해서는 어떻게 해야 할까요?

대답은 간단합니다. 고객이 고민하는 문제에 대해 공감해 주는 것입니다. 누구든 자신에게 관심을 가져 주는 사람에게는 좋은 인상을 갖기 마련입니다. 상품을 구입하려는 사람은 분명 현재의 상황을 바꾸고 싶다는 고민을 안고 있을 것이기 때문에 그 문제에 대해 같이 공감해 주는 것이 좋습니다.

예를 들어 리모델링 회사의 경우, 견적 의뢰는 많은데 막상 계약을 해야 할 단계에 이르면 생각할 시간을 달라며 결정을 미룬다고 합니다. 그래서 어느 정도 시간이 지난 후에 전화를 하면 다른 곳과 이미 계약했다는 대답을 듣게 된다지요.

이런 경우에는 사실 고객의 불안과 못 미더워하는 마음만 잠재우면 계약 성공률을 비약적으로 높일 수가 있습니다. 구체적인 방법 중 하나는 고객이 묻기 어려운 사항(가격이나 기술 수준에 관한 것)에 대해 먼저 이야기를 꺼내는 것입니다. 이 때 명심해야 할 사항은 회사 입장에서가 아니라 회사를 떠나서 똑같은 인간 대 인간의 입장에서 이야기해야 한다는 점입니다.
　예를 들면 다음과 같은 식입니다.

> 정말 망설여지시죠? 당연히 여러 회사에서 견적을 뽑아보고 싶으시겠죠? 비용이 많이 드는 데다 기술적인 면도 신경 쓰이니까요. 만에 하나 만족스럽지 못하면 어떡하나 싶기도 하고 걱정이 많이 되겠어요. 저도 집을 리모델링 한 적이 있어서 충분히 이해합니다.

　대수롭지 않겠지만, 이 정도의 말만 해 주어도 고객을 괜한 의심으로부터 벗어나게 해 터놓고 이야기할 계기를 만들게 됩니다. 그리고 무엇보다 영업사원이 공감해 준다는 점에서 고객은 말할 수 없는 안도감을 느끼게 됩니다.
　고객은 전문지식을 가지고 있지 않습니다. 그렇기 때문에 전혀 걱정하지 않아도 될 아주 사소한 문제로 인해 의심에 의심을 해 가면서 계약을 주저하는 경우가 매우 많습니다.
　일단 한 발 뒤로 물러서서 고객의 불안감을 공유하고, 더불어 여러분 회사 상품의 다소 취약한 부분에 대해서조차 진지하게 거론함으로써 '고객이 느끼는 불안감을 해소하기 위해 함께 노력한다'는 입장을 취하는 것입니다. 이와 같은 각오로 고객을 대했을 때 비로소 고객과의 사이에

끈끈한 신뢰관계가 형성되어 고객은 '이 사람에게 모든 것을 맡기자'고 생각하게 되는 것입니다.

우선 영업마인드는 잊고 고객의 입장에서 같이 고민해 주는 것, 이것이 바로 가치 높은 비즈니스로 연결됩니다.

###  고객의 '단꿈' 공유하기

또한, 마이너스 면을 없애는 데 그치지 않고 플러스 이미지를 공유하는 것도 중요합니다. 즉 고객이 원하는 이상적인 상황을 함께 상상하는 것을 뜻합니다.

에스테 살롱에서 고가의 풀코스를 이용하는 고객은 아직은 적은 것이 현실입니다. 에스테처럼 '없어도 크게 불편하지 않은 것'을 판매하는 경우에는 계약을 따내려면 '없어도 크게 불편하지 않은 것'에서 '없어서는 안 되는 것'으로 인식을 바꾸어 놓을 아이디어가 필요합니다.

처음에 '살을 빼고 예뻐져서 남자친구에게 사랑받고 싶다'는 '꿈'을 안고 가게에 들어선 고객은 끝까지 그런 마음을 유지하기가 힘듭니다. 시간이 걸리는 다이어트보다는 멋진 명품 옷으로 치장하는 편이 그의 사랑을 얻기가 훨씬 쉽고 빠를지도 모른다는 쉬운 길을 선택함으로써 에스테에 대한 욕구가 서서히 사라지는 것이죠.

이런 상황을 방지하기 위한 방법이 바로 '고객의 단꿈을 공유하기'입니다. 즉 에스테를 받는 동안에 고객의 마음을 사로잡아야 합니다. 시술 전, 시술 후, 그리고 시술 후의 모든 과정에 걸쳐 고객과 함께 '꿈꾸던 모습으로 변신했을 때의 멋진 모습'에 대해 마치 오랜 친구처럼 이야기를 나누는 것입니다.

그렇게 함으로써 고객은 가게에 오기 전보다도 '이상적인 자신'을 마음속 깊이 새겨, 결국 고가의 풀코스를 이용하는 고객이 됩니다.

구체적인 부분까지 이야기하다 보면 욕구가 증폭되는 데다 꿈을 공유함으로써 여러분을 동지처럼 느끼게 됩니다. 이렇게만 되면 설령 다소 비싼 에스테 코스를 권하더라도 믿고 맡기게 됩니다.

고객과 함께 단꿈을 꾸어 줌으로써 좀더 쉬운 방법을 찾지 않게 하고 오히려 깊은 신뢰관계도 쌓게 됩니다. 에스테뿐만 아니라 학원이나 헬스클럽 등 이와 유사한 모든 분야에 적용할 수 있을 것입니다.

어떻습니까? 공감해 주는 것이 얼마나 파워풀한지 충분히 실감했으리라 생각합니다.

얼마 전, 한 치과재료판매업 경영자와 잠깐 이야기를 나눌 기회가 있었습니다. 이 업계는 가격 인하를 강요당하는 것이 당연한 관행인데도 이 사람이 거래하는 치과병원으로부터는 일체 가격인하 압력을 받은 적이 없다고 합니다.

도대체 비결이 뭐냐고 물었더니, 이렇게 대답해 주었습니다.

"저희 회사는 단순히 치과재료를 판다는 개념이 아니라, 치과병원 경영자와 직원들 그리고 환자들이 쾌적하게 생활할 수 있는 환경을 조성하기 위해 같이 고민하면서 상품을 제안합니다."

이 말을 듣고 가격 인하 요구를 당연하게 받아들이는 것은 역시 잘못된 생각이라고 저는 확신했습니다.

여러분의 업계는 어떻습니까?

나라면 이렇게 하겠다!

## 생각나는 아이디어를 메모해 볼까요?

| 제공 방법 2 | 파악하기 | 7일째 |

고객 자신도 깨닫지 못한
# 잠재적 욕구 파악하기

 **막연한 요망을 정리해서 구체화하기**

사실 대부분의 사람들은 자신이 무엇을 원하는지 잘 모르는 경우가 많습니다. 그렇기 때문에 고객이 무엇을 원하는지를 명확히 짚어내 줌으로써 뜻밖의 수요가 발생하는 경우도 있습니다.

호텔의 컨시어즈(Concierge)는 고객이 불편해 할 법한 막연한 사항에 대해 같이 고민하고 해결해 주는 만능 서비스직원입니다.

예를 들어, 고객이 "오늘 저녁까지 뭐하며 시간을 때우지?"라고 하면 '연극을 관람하시는 것은 어떻겠습니까?' '관광버스로 주변을 돌아보시는 건 어떨까요?' '호텔의 에스테 살롱에서 푹 쉬시는 건 어떤지요?' 등 고객이 만족할 때까지 안내해 주는 고마운 존재입니다.

어떤 치과병원에서는 이를 응용해서 플로어 케어 매니저라는 직원을 두고 있습니다. 병원을 찾은 환자의 얼굴색을 살펴서 기다리는 시간이 길어질 것 같으면 '5분 정도만 기다리시면 되는데 괜찮으시겠어요?' 하고 확인해 주거나, 표정이 어두운 환자가 있으면 무슨 고민이 있는지

들어 주는 심리치료를 담당하는 일입니다.

　치과병원에 이런 직원을 두는 것은 어떻게 보면 인건비 낭비일 수도 있지만, 사실은 전혀 그렇지 않습니다. 대부분의 환자들은 의사선생님을 막연히 어려워하고 치료받는 중에는 이것저것 물을 정신적 여유가 없기 때문에 자신의 생각을 입 밖으로 꺼내기란 쉽지 않습니다. 하지만 하고 싶은 말을 하지 못하고 돌아가면 불만이 쌓이기 마련입니다.

　그래서 비교적 편안하게 자기 차례를 기다리고 있을 때 플로어 케어 매니저가 살짝 다가가 말을 겁니다. 그러면 환자들 중에는 의사가 다 나았다고 했지만 왠지 좀 더 치료를 받아야 할 것 같다는 불안감을 표현할 때도 있습니다. 이럴 때 플로어 케어 매니저는 당장 재진 수속을 밟도록 해 줄 수가 있습니다.

　또한 임플란트 수술처럼 고가 치료에 대해 환자들은 하지 않겠다고 확실히 정했다기보다는 마음속에서 할지 말지를 계속 고민하고 있는 경우도 많습니다.

　이럴 때 플로어 케어 매니저가 고민을 들어주고 앞으로 계속 틀니로 지내는 게 나을지 큰 맘 먹고 당장 임플란트 수술을 받는 게 나을지에 대해 복잡한 머리속을 정리해 줍니다. 이렇게 함으로써 고가의 임플란트 시술건수를 늘릴 수도 있습니다.

　이처럼 고객의 고민을 들어 주면 마음속에 조금씩 꿈틀거리던 불만들이 해소되고 신뢰감이 생깁니다. 또한 충분히 이야기를 들어주고 내용을 정리해 주면 고객은 망설이던 고가 치료 시술을 받기로 결심하게 됩니다. 이로 인해 병원 측은 수익도 올릴 수 있는 데다, 환자들에게 만족감까지 줄 수 있습니다.

## 180도 인식 전환하기

또 한 180도 인식을 전환시키는 방법도 있습니다.

고객은 아마추어입니다. 때문에 자신만의 아마추어적인 생각으로 상품을 판단하는 경우가 많습니다. 그래서 고객의 고민을 들어줌으로써 의외의 상품을 제안할 기회도 얻게 됩니다.

꽤 오래 전 이야기인데, 저희 집에서 케이블 TV를 계약했을 때의 일입니다. 처음 케이블 TV 영업사원이 영업 차 왔을 때는 필요 없다고 생각하여 계약을 하지 않았습니다. 왜냐하면 일반 TV로는 볼 수 없는 위성방송과 스포츠 채널 등 시청 가능한 프로그램 수가 많다는 것만을 이점으로 내세웠기 때문입니다.

당시 저는 TV와 관련해 한 가지 고민이 있었습니다. 일반 TV는 안테나를 사용하기 때문에 가끔 화면이 고르지 못하다는 점이었습니다.

케이블 TV 영업사원의 방문이 있은 지 몇 개월 지난 어느 날, 우연히 친구와 통화를 하다가 케이블 TV를 신청하는 게 어떻겠냐는 권유를 받았습니다. 친구 말에 의하면 케이블 TV는 유선이기 때문에 화면이 흔들리지 않는다는 것이었습니다.

케이블 TV 영업사원은 왜 이 사실을 설명해 주지 않았던 걸까요?

답은 간단합니다. 자신의 영업에만 정신이 팔려 고객의 고민에 초점을 맞추지 않았기 때문입니다.

만약 그 영업사원이 나에게 TV에 대한 불만은 없는지만 물어 주었어도 나는 당장 안테나에 대한 불만을 이야기했을 텐데요. 그렇게만 했다면 영업사원은 유선이라는 점을 잘 어필해서 설명했을 테고 그 자리에서 계약을 한 건 따냈을 것입니다.

아마 저와 같은 문제를 안고 있는 가정에 '안정된 화면으로 볼 수 있고 안심하고 녹화도 할 수 있다'는 캐치프레이즈를 전면에 내세운 영업을 했다면 많은 계약을 따낼 수 있었을 것입니다.

이처럼 회사의 물건을 판매한다는 생각보다, 고객의 잠재적인 욕구를 이끌어내는 것에 초점을 맞춘다면, 진부한 방식의 영업 행위나 가격 인하 같은 것은 필요 없을 것입니다.

비즈니스는 고객의 고민을 재빨리 발견해 내야만 유리하게 사업을 추진해 나갈 수 있습니다.

비즈니스를 강물에 비유하면, 고객이 막연하게 생각만 하는 단계가 강의 상류라면 확실히 결정하는 단계가 강의 하류입니다. 하류에는 많은 경쟁자가 있지만 상류에는 아무도 없습니다. 고객의 욕구가 하류까지 내려오기를 기다릴 것이 아니라 고객의 욕구를 상류까지 거슬러올라가서 찾아내는 것이 중요합니다.

안타깝게도 저 역시 이와 같은 영업 사원을 만날 기회는 좀처럼 없었습니다. 그런데 지금 쓰는 노트북은 신입 영업사원이 내가 원하는 바를 여러 가지로 물어본 뒤 조건에 딱 맞는 것을 골라 줘서 구입한 것입니다.

지금 생각하면 그 사람이 신입사원이었기 때문에 노트북에 대한 지식이 부족했고, 그런 상황에서 고객의 고민을 들어주다 보니 뜻밖의 건수를 올리게 된 것이라는 생각도 듭니다. 어쩌면 신입사원이 계약을 따내는 경우란 대부분 이런 예가 아닌지 모르겠군요.

나라면 이렇게 하겠다!

## 생각나는 아이디어를 메모해 볼까요?

제공 방법 3 | 제안  8일째

# 실제 경험에서 우러나온 진솔한 제안으로 고객의 마음 포섭하기

 **마음을 열면 '영업 냄새'가 나지 않는다**

**결**정적인 순간에 재빠르고 확실하게 제안하지 못하면 고액고객을 끌어들일 수 없습니다.

영업 냄새를 풍기지 않으면서 세련되게 제안하는 것이 관건입니다. 그 비결은 바로 열린 마음으로 이야기하는 것입니다. 사실을 사실대로만 이야기해 주어도 강력한 '제안'으로 작용합니다.

어느 재무 컨설턴트는 개업 당시 '비용절감효과를 약속드립니다'라는 막연한 내용을 홈페이지에 실었으나 좀처럼 의뢰가 들어오지 않았다고 합니다. 그래서 '비용절감 프로그램을 무료로 체험하십시오'라고 캐치프레이즈를 바꾸자 조금씩 의뢰가 들어왔다고 합니다. 비결은 무료감정으로 고객의 결산서와 지불명세서 등을 분석해 '전기세 ○○원 삭감' '수도세 ○○원 삭감' '우편요금 ○○원 삭감'과 같이 구체적으로 분류해 준 데에 있습니다. 게다가 어떤 방법으로 절약할 수 있는지에 대해서까지 구체적으로 정리해서 제안했기 때문에 고객은 컨설턴트료를 지불하더라도 충분한 이익이 되돌아온다는 사실을 논리적으로 판단할 수 있게 됨으로써 즉시 의뢰가 들어왔다고 합니다.

구체적인 방법까지 제시해 주면 고객이 스스로 하려고 하지 않을까 하고 생각하기 쉽지만 사실은 그렇지 않습니다.

실제 이론적으로 안다고 하더라도 관련 서류를 모두 갖추어야 하는데다 일일이 서류로 만들어야 하니 보통일이 아닙니다. 자신이 직접 그런 수고를 들이기보다는 모르고 손해 보았을 돈의 일부를 지불해서라도 장기적으로 비용절감효과를 얻을 수 있는 쪽을 선택하는 경우가 많습니다.

대부분의 경우 어느 정도의 노하우를 공개하기보다는 기업비밀로 삼는 경우가 많은데, 그것은 오히려 역효과를 불러옵니다. 즉 기업비밀로 고수하다 보면 고객들은 혹시나 자기들이 직접 하는 것이 더 이득은 아닐까 하고 쓸데없는 의심을 하게 됩니다.

그러므로 방법을 공개한 뒤 '직접 하시겠습니까? 아니면 저희에게 맡기시겠습니까?' 하고 묻는 쪽이 오히려 고객에게 호감을 주게 되어 실적으로 이어질 가능성이 높습니다.

## 직원들의 실제 체험이 고객의 마음을 움직인다

또한 직원들이 자신의 실제체험을 이야기해 주는 것도 중요합니다. 팸플릿에는 실려 있지 않은 생생한 정보가 고객을 안심시켜 주기 때문입니다.

해외 레스토랑에서는 웨이터에게 직접 테이블 관리를 맡기는 경우가 많기 때문에 웨이터들은 훨씬 적극적으로 대고객 서비스를 위해 노력

합니다.

작년에 하와이에 갔을 때 어느 레스토랑에 들른 적이 있었습니다. 어떤 메뉴를 골라야 할지 고민하고 있는데, 한 웨이터가 다가와서 내게 말을 걸었습니다.

그래서 추천하는 메뉴가 뭐냐고 물었더니 다음과 같이 자세하게 설명해 주는 것이었습니다. "저희 가게에서 가장 인기 있는 메뉴는 이것입니다. 하지만 이외의 다른 메뉴들 또한 맛이 일품입니다. 그 중에서도 저는 특히 이 메뉴를 권하고 싶군요."

그래서 제가 왜 그 메뉴를 추천하는지 묻자 그는 먹는 제스처까지 취해가면서 재미있게 설명해 주는 것이었습니다. 그래서 저는 가격도 보지 않고 그 메뉴를 시키게 되었습니다. 사실 저는 영어를 완벽하게 이해하는 수준이 못 되었는데도 말입니다.

고객의 마음을 움직이는 건 이론이 아닙니다.

어느 나라의 경우나 마찬가지입니다. 제가 아는 어느 햄버거 가게에서는 고객이 무엇을 주문해야 할지 고민하는 모습이 보일 때는 재빨리 직원이 추천메뉴를 권해 줍니다. '먹기 전의 느낌과 실제의 맛, 식후의 만족감'까지 생생하게 설명해 주기 때문에 대부분의 고객은 직원의 말을 믿고 그 메뉴를 주문합니다.

실제 체험은 이처럼 설득력과 신뢰감을 줍니다. 그러기 위해서는 고객에게 추천하는 입장에 있는 웨이터와 웨이트리스들은 필수적으로 모든 메뉴를 미리 한번 먹어 보아야 하겠죠.

물론 음식점뿐만 아니라 가전제품점이나 보석점 등도 마찬가지입니다. 자신이 실제로 체험해 보지 않은 것에 대해서는 자세히 설명해 줄 수가 없습니다. 반대로 자신이 직접 체험한 것을 실감나게 설명해 주면 고객에게 신뢰감을 주게 되고 상품의 가치도 높일 수 있습니다.

회의시간에 모든 직원에게 시식, 시착, 시승하게 해 보고 그 소감을 고객들에게 열성적으로 설명하도록 하는 롤 플레이를 실시하는 것도 괜찮겠지요. 어떻게 보면 시간낭비처럼 보일지도 모르겠지만 사실은 이것이 큰 가치를 창출합니다.

　제안만 잘 하면 고객은 무엇이든 구매한다는 사실을 이제 잘 이해하셨는지요.

　최근에는 재미있는 포장마차가 점점 사라지고 있습니다만, 예전에 불꽃놀이 행사장 근처에 재미있는 볶음국수 포장마차가 있었습니다. 그 포장마차 주인은 입담이 좋았습니다.

　"새우와 오징어를 듬뿍 넣은 스페셜 볶음국수. 둘이 먹다가 셋이 죽어도 모릅니다. 정말 맛없으면 돈 안 받아요. 에라 모르겠다! 새우 값만 받을 테니 속는 셈치고 한번 먹어들 보셔!"

　이런 입담에 혼이 빠져 나도 모르게 스페셜 볶음국수를 주문했던 기억이 납니다.

　실제로도 맛있긴 했지만 어쩌면 주인의 입담이 귓전에 맴돌아 더 맛있게 느껴졌던 건 아닐까 하는 생각이 듭니다. 입담도 일종의 양념이란 점을 실감한 순간이었습니다.

나라면 이렇게 하겠다!

## 생각나는 아이디어를 메모해 볼까요?

제공 방법 4 | 지식 **9일째**

# '전문지식 + 잡학지식'으로
## 소비자의 마음 잡기

📈 '전문지식' 제공으로 고객에게 진심어린 서비스를!

'**책**임'이라는 말을 많이들 하는데, 너무 쉽게 입에 올리는 건 아닌지 걱정입니다. 예를 들면, 미국에서는 '담배를 피워 암에 걸렸으니 배상해 달라' 혹은 '과자를 먹어서 살이 쪘으니 배상해 달라'는 식의 소송이 자주 일어납니다. 어떻게 보면 말도 안 되는 이야기 같지만 조금만 달리 생각해 보면 '책임'이라는 것을 적절하게 지적하고 있음을 알 수 있습니다.

왜냐 하면, 그들의 주장은 '담배가 해롭다는 것을 잘 몰랐기 때문에 피웠다, 만약 알았다면 안 피웠을 거다'라는 뜻이기 때문이다. 즉 담배가 해롭다는 사실을 철저히 알리지 않은 기업 측의 책임이라는 주장입니다.

좀 더 알기 쉬운 예를 들어볼까요? 의사는 환자가 설사약을 달라고 했다고 해서 무조건 설사약을 처방해 줘서는 안 됩니다. 왜냐하면, 만약 그 환자가 식중독에 걸려 있다면 설사약이 위험천만한 결과를 가져

올 수도 있기 때문입니다. 그래서 환자가 아무리 자기가 책임지겠다고 해도 환자가 원하는 대로 설사약을 주지는 않습니다. 제대로 된 진찰을 받고도 처방해 준 대로 약을 먹지 않았을 경우에야 비로소 환자 본인의 책임이라는 말이 성립되는 것이 아닐까요?

이것은 다른 업계에서도 똑같이 적용될 수 있습니다.

예를 들면, 건설회사라고 해서 고객의 주문대로 집을 지어서는 안 됩니다. 고객은 건설에 관한 한 문외한이기 때문에 아무리 고객 본인이 원한다 하더라도 그대로 들어줄 경우 나중에 불편한 설계가 되어 버릴 우려가 조금이라도 있다면 그 점에 대해 전문가로서 정확히 알려 주어야 합니다.

또한 음식점이라면, 고객이 매운 음식인 줄 모른 채 주문해서 곤혹을 겪기 전에 그 음식이 몹시 맵다는 사실을 알려 주어야 하는 것은 당연한 일이겠죠.

물론 모든 경우의 수를 사전에 예측하기란 불가능합니다. 하지만 중요한 것은 고객이 문외한이라는 사실을 명확히 인식하고 전문가로서 제대로 된 지식을 알려 줌으로써, 고객 스스로 판단하도록 하는 이것이야말로 장기적인 신뢰관계를 쌓을 수 있는 비결이라는 것입니다.

## 📈 솔깃한 '잡학지식'으로 매출 올리기

또한 고객은 전문지식만을 늘어놓는다면 관심을 가지지 않습니다. 요즘의 고객은 어떤 애로사항이 있어서라기보다 좀 더 쾌적한 환경을 추구하는 소비 패턴을 보이는 경향이 강합니다. 그래서 생각해 낸 것이 잡학지식을 활용하는 방법입니다. 요즘은 잡학지식이 인기 있는 시대입니다.

어느 편의점에서는 경쟁이 워낙 치열하다보니 생활필수품만으로는 한계가 있다고 판단해 DVD 같은 기호품 판매에 힘을 쏟고 있습니다.

이를 위해 활용한 것이 잡학지식을 이용한 POP 광고입니다. 대부분의 편의점에서는 상품을 그냥 진열해 두기만 하지만, 이 편의점에서는 DVD에 대해 주인이 영화의 볼만한 장면과 촬영 비화 등에 대해 인터넷을 뒤져 조사한 뒤 '점장 메모'라는 이름으로 POP 광고판에 붙여 두었다고 합니다. 그 결과 주스를 사러 온 손님이 그 POP 광고판을 보고 DVD를 구입하게 되는 등 단숨에 객단가가 올랐다고 합니다.

이 예는 편의점이었기 때문에 POP 광고에만 의존한 경우로, 만약 대화를 통한 세일즈가 가능한 곳이라면 이와 같은 방식으로 세일즈 토크를 한다면 객단가는 비약적으로 높아질 것입니다.

현대는 물건이 넘쳐나는 시대이므로, 필요한 물건을 구하지 못하는 일은 없습니다. 또한 생활필수품은 천냥하우스 같은 곳에 가면 얼마든지 싸게 구입할 수 있습니다. 소비자들은 그런 식으로 싸게 구입해서 절약한 돈을 솔깃한 정보를 주는 곳에 사용합니다.

즉 생활필수품은 가능한 한 싸게 구입하고, 그렇게 해서 절약한 돈은 2만 원, 3만 원 하는 DVD를 사는 것이 요즘의 소비 패턴입니다.

다시 말하면, 요즘의 고객들은 필요해서가 아니라 즐기기 위해서 돈을 씁니다. 이 때문에 고객들은 자신을 즐겁게 해 주는 직원들을 좋아합니다.

위의 예에서 보듯 만약 생활필수품을 판매하는 기업이라면 기호품도 취급하는 방안 혹은 같은 생활필수품이라도 고객의 흥미를 끌 수 있는 아이디어를 고안해낸다면 객단가는 압도적으로 높아질 것입니다.

참고로 앞에서 예로 들었던 편의점은 매장에서 잘 팔리는 컵라면 랭킹을 매겨 매월 새롭게 진열했더니 판매량이 훨씬 늘어났다고 합니다. 생활필수품의 경우에도 작은 아이디어 하나로 큰 실적을 올릴 수 있습니다.

###

전문지식과 잡학지식이 상품의 가치를 높인다는 사실을 잘 이해하셨겠지요.

특히 최근에는 오랫동안 믿고 먹어온 식품 제조업체가 유통기간이 지난 재료를 이용하거나 겉봉지에 표시된 것과 다른 재료를 사용하는 등 식생활마저 위험한 시대입니다.

불분명한 첨가물이 들어 있거나 조리법이 불분명한 상품을 판매한다면 그 업체의 미래는 없을 것입니다.

가능한 한 알기 쉽게 표기하고 자세한 설명을 추가해서 소비자가 충분히 알고 구매하도록 하는 것이 기업이 살아남을 수 있는 방법입니다.

그건 그렇고, 과자를 먹어 살이 쪘다고 기업을 상대로 소송을 내는 것은 역시 너무한 처사가 아닌가 하는 생각이 드네요.

> 나라면 이렇게 하겠다!

## 생각나는 아이디어를 메모해 볼까요?

제공 방법 5 | 캐릭터 | 10일째

# 자신의 캐릭터 갈고 닦기

## '선생님'처럼 고객 리드하기

흔히들 돈을 내는 쪽은 위치가 높고 돈을 받고 물건을 파는 쪽은 위치가 낮다는 의식이 강한 듯합니다. 하지만 조금만 곰곰이 생각해 보면 그렇지도 않다는 것을 알게 됩니다.

예를 들어 컴퓨터가 고장났는데, 수리업체에서 수리해 줄 수 없다며 고약하게 군다면 곤란한 쪽은 고객입니다. 이런 의미에서 고객과 업체는 대등한 존재라고 말할 수 있겠죠.

또한 지금까지 이야기해 왔듯이 고객이 고민하는 문제에 공감해 주고 확실한 지식을 바탕으로 제안해 준다면, 오히려 고객 쪽이 큰 도움을 받았다고 볼 수도 있습니다.

그래서 우선 '선생님'이라는 호칭을 듣는 사람들이 고액상품에 대해 어떤 식으로 추천하는지 살펴보도록 하겠습니다.

치과의사를 예로 들어 볼까요. 충치에 보철재료를 덧씌워야 하는 고객이 보철재료로서 보험 적용이 되는 일반 재료와 보험 적용이 되지 않는 세라믹 재료 중에서 선택해야 하는 상황이라고 합시다. 질이 좋은 것은 물론 세라믹 쪽입니다. 하지만 환자는 무엇이 어떻게 다른지 알 수 없습니다. 아무런 지식이 없는 상태라면 보험적용이 되는 쪽을 선택해서 가능한 한 싸게 하고 싶을 것입니다.

하지만 그때 의사가 "좀 비싸긴 하지만 환자 분의 경우는 이러이러한 이유로 세라믹을 하시는 편이 좋겠습니다."라고 권했다면 어떨까요?

아마 대부분은 거기에 수긍하고 다소 무리를 해서라도 세라믹 재료 쪽을 선택할 것입니다.

이렇게 비싼 쪽을 선택하게 하는 것은 특별히 어려운 일도 아닙니다. 확신하지 못하는 환자에게 약간의 조언만 해 주면 그만이니까요.

그렇다면 선생님으로 불리는 업종에 종사하는 경우가 아닌 업체가 이 방법을 사용하는 것은 무리일까요? 그렇지 않습니다. 저는 클라이언트에게 자주 이렇게 말하곤 합니다.

"사실은 당신도 선생님이잖습니까?"

의류매장에 가면 최근 유행하는 패션에 대해 조언해 주고, 음식점에 가면 제철 재료를 잘 요리해 줍니다. 그리고 컴퓨터 매장에 가면 최신 기종이 얼마나 사용하기 쉽고 편리한지에 대해 설명해 줍니다. 결국 모든 업종의 사람들은 각자의 분야에서 전문가이자 선생님들이나 마찬가지입니다.

때문에 고객이 선택한 물건을 계산해 주는 것만이 자신의 일이라고 생각해서는 안 됩니다.

자신이 취급하는 상품에 대해서 마치 의사가 복통을 호소하는 환자를 대하는 마음으로 상담해 줄 때 고객은 신뢰와 존경의 마음으로 여러분의 조언에 따라 상품과 서비스를 구입할 것입니다.

## 확실한 캐릭터가 되자

자기 분야의 전문지식을 갖춘 확실한 캐릭터가 되어야 합니다. 만약 그러지 못하고 고객에게 애매한 태도를 보이면 고객은 여러분을 신뢰할 수 없게 됩니다. 반대로 모든 직원이 각자의 역할을 제대로 수행하는 모습을 보이면 고객은 안심하고 직원들을 신뢰하게 됩니다.

반대의 예를 하나 들어 보면 무슨 말인지 잘 이해하시게 될 겁니다. 즉 치과의사의 치아가 충치투성이라면? 바텐더가 술을 못 마신다면? 원예업자가 자기 집 정원은 엉망이라면? 이런 경우라면 고객은 당연히 그 업자에 대해 믿음이 가지 않을 것입니다.

어떤 유기농 레스토랑에서는 모든 재료에 대해 고객이 안심하고 먹을 수 있도록 유기농 재료만을 사용한다는 원칙을 철저히 지키고 있습니다. 레스토랑에 오는 고객들 또한 무엇보다 건강을 최고로 생각하는 사람들이기 때문에 건강에 관한 다양한 화제로 이야기꽃을 피우는 일들이 많습니다. 게다가 직원들은 전원 유기농 전문가에 가까울 정도로 유기농에 관한 한 모르는 게 없기 때문에 어떠한 화제나 질문에 대해서도 손쉽게 답을 해 준다고 합니다. 이처럼 유기농에 대한 직원들의 철저한 프로정신이 있기 때문에 고객들은 안심하고 그 레스토랑을 찾게 되는 것입니다.

이러한 일관성이 상품과 서비스의 가치를 높여줍니다. 왜냐하면 고객은 유기농 요리를 먹고 싶다는 욕구뿐만 아니라 건강해지고 싶다는 욕구를 가지고 유기농 레스토랑을 찾기 때문입니다. 그런데 만일 직원이 주방에서 정크푸드(junk food)를 먹는 모습을 보였다면 고객들은 어떤 생각을 할까요? 아마 유기농 요리에 대한 기대가 단번에 무너져버리겠죠. 어떠한 경우라도 직원들이 건강에 대해 진정으로 신경 쓰고 있다는 것을 알 수 있도록, 고객이 유기농 레스토랑이라는 공간에 들어선 순간부터 나서는 순간까지 계속 그런 분위기에 젖어 있을 수 있도록 배려하는 것이 신뢰를 얻을 수 있는 접객법입니다.

이런 가게라면 고객은 자신도 모르게 오랜 시간 그 곳에 머물게 될 것이고, 그러다 보면 추가 주문도 늘어날 것입니다. 이런 분위기를 만들기 위해서는 채용 단계에서부터 여러 가지로 신경을 써야 합니다. 인력이 부족하다고 해서 손쉬운 아르바이트를 구하려고 할 것이 아니라 시간이 걸리더라도 가게 직원들과 비슷한 수준의 전문성을 갖추고 잘 협조해 갈 인재를 뽑는 것도 가치를 높이는 비결입니다.

    회사가 일관성 있는 캐릭터를 만드는 것이 고객들의 신뢰를 얻고 가치를 높이는 비결이라는 점을 잘 이해하셨을 것입니다.

    예를 들어 헬스클럽을 고를 때에도, 팸플릿에 뚱뚱한 비즈니스맨이 땀을 흘리며 운동하는 사진이 실려 있는 곳보다는 멋진 스타일의 모델 사진이 실려 있는 곳으로 가고 싶어질 것입니다. 그렇지만 곰곰이 생각해 보면 팸플릿 사진과 헬스클럽 내용과는 전혀 관계가 없습니다.

    다른 예를 하나 더 들어볼까요. 헤어디자이너의 머리스타일이 부스스하다고 해서 실력 없는 헤어디자이너라고 단정할 수는 없습니다. 왜냐하면, 자기 머리는 자기가 자를 수 없기 때문에 분명 다른 사람이 해 주었을 테니 말입니다.

    이처럼 다소 논리에 맞지 않더라도 이미지를 깨지 않도록 배려한 캐릭터를 만들어 가는 것이 중요합니다.

| 나라면 이렇게 하겠다! |

## 생각나는 아이디어를 메모해 볼까요?

## 포인트 정리

여기까지 읽은 소감은 어떻습니까?

'공감', '파악하기', '제안', '지식', '캐릭터' 등 다섯 가지 스텝을 하나하나 실천해 간다면 여러분과 직원, 그리고 고객과의 신뢰관계는 훨씬 돈독해질 것입니다.

만약 여러분 회사에서는 당장 실천하기 어려운 점이 있더라도 걱정하실 필요는 없습니다. 가능한 것부터 확실하게 실천해 간다면 반드시 신뢰관계를 구축할 수 있습니다.

이 장에 대해서도 다음 페이지에 알기 쉽게 정리해 두었으니 같이 복습해 볼까요?

## 상품가치를 높이는 5가지 제공방법

### 1. 공감

➡ 공감해 줌으로써 고객과 신뢰관계가 형성된다.
  → 고객의 고민을 '한 사람의 인간'으로서 들어 주고 공감해 준다.
  → 고객의 '단꿈'에 젖어 준다. 미래의 이상적인 모습에 대해 대화를 나누면 든든한 동지애를 느끼게 될 뿐만 아니라 구매욕구가 증폭된다.

### 2. 파악하기

➡ 고객 본인도 잘 모르는 잠재적인 욕망을 파악해낸다.
  → 고객이 무엇 때문에 고민하고 있는지에 대해 잘 들어주고 고객이 바라는 바를 확실히 파악해낸다.
  → 고객의 고민을 귀담아 듣고 고객이 바라는 바를 잘 파악해 줌으로써 생각지도 못한 상품을 제안할 수 있다.

### 3. 제안

➡ 실제 체험을 바탕으로 한 진지한 제안이 고객을 매료시킨다.
  → 마음을 열면 '영업 냄새'가 나지 않는다.
  → 직원들의 실제 체험은 설득력이 있어 고객의 마음을 움직인다.

### 4. 지식

➡ '전문지식 + 잡학지식'이 고객의 마음을 잡는다.
  → 전문가로서 필요한 지식을 제공한 뒤 고객에게 판단하게 하는 것이 장기적인 신뢰관계를 만든다.
  → 요즘 고객들은 '자신이 흥미 있는 것'에 돈을 쓰기 때문에 잡학지식을 POP 광고판 등에 게시하면 효과가 있다.

## 5. 캐릭터

➡ 자신의 캐릭터를 갈고 닦자.

→ '선생님'처럼 고객을 리드하면 고객이 신뢰하게 되어, 조언해 준 대로 상품을 구입하게 된다.

→ 철저히 특정 캐릭터가 되는 것이 중요하다. 그래야만 고객이 안심하고 신뢰한다.

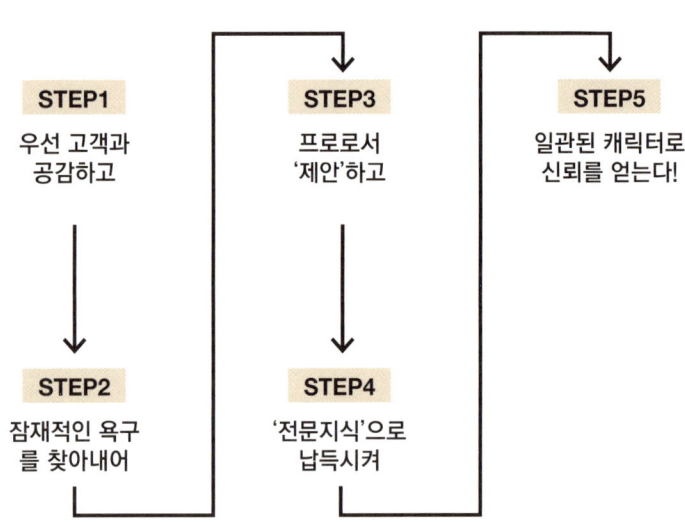

# 5

## 구매욕을 자극하는
## '기대감 극대화' 기법

# 고객의 '기대감'이 높을수록
# 상품가치도 높아진다!

**상**품의 가치는 고객이 얼마나 상품에 대해 기대를 걸고 있느냐에 따라 달라집니다.

알기 쉬운 예를 들면, 수돗물 한 잔을 길거리에서 팔려고 하면 불가능한 이야기이겠지만, 사막에서 조난당한 사람이라면 전 재산을 털어서라도 사려고 할 것입니다.

이처럼 고객이 살 마음만 있으면 그 값이 아무리 비싸더라도 팔 수 있습니다. 물론 그렇다고 해서 고객을 사막에 데려갈 수는 없겠지요. 그 대신에 고객의 마음속에서 항상 여러분 회사의 제품을 생각하게 만들 수는 있습니다.

구체적인 방법으로는 다음의 5가지가 있습니다.

〈상품의 기대감을 높이는 방법〉

**1.** 티칭
상품의 색다른 활용법과 새로운 세계관을 일깨워 주고 흥미를 갖게 하는 것.

**2.** 체험
상품이 얼마나 좋은지에 대해 오감으로 느끼게 하는 것.

**3.** 커뮤니티
상품과 관련된 커뮤니티를 만듦으로써 화제를 공유할 수 있는 동료를 만들어주는 것.

**4.** 가이드
상품을 잘 즐기도록 안내해 주는 것.

**5.** 어드바이스
업그레이드 된 상품을 계속 제안함으로써 흥미를 잃지 않도록 하는 것.

이상의 5가지 방법을 잘 활용하면 상품은 단순한 물건이 아니라 고객의 생활을 윤택하게 하는 '편리한 아이템'으로 탈바꿈하게 되므로 당연히 가치는 높아지게 됩니다.

**기대감 높이는 법 1 | 티칭　11일째**

# 꼭 갖고 싶게 만드는 비법

### 📈 숨은 진가 깨우쳐 주기

**티**칭이란 가르치는 것입니다. 고객은 그 상품의 진가를 잘 모르기 때문에 사고 싶은 마음이 들지 않는 경우가 참 많습니다.

예를 들면, 저는 예전에 프랑스 영화를 싫어했습니다. 왜냐하면 엔딩이 이상하게 끝나서 도저히 이해할 수가 없었기 때문입니다.

그러던 어느 날 프랑스 영화광 친구로부터 이런 이야기를 들었습니다.

"프랑스 영화는 그 주인공의 인생 중에서 일부분만 표현한 거야. 그러니까 앞뒤 내용을 각자가 상상할 수 있어 좋잖아."

저는 그 친구의 말을 들은 후에 프랑스 영화를 보고 나서야 비로소 그 진가를 실감할 수 있었습니다. 그리고 그 이후로 저 역시 프랑스 영화광이 되었습니다.

실제로 이런 방법을 이용해 매출을 올린 비디오 대여점이 있습니다. 고객은 일반적으로 화제작만 찾기 마련이지만 화제작의 재고는 한정되어 있습니다. 그래서 유명하지는 않지만 숨겨진 명작을 소개함으로써 대여 수를 늘리는 아이디어를 생각해냈다고 합니다. 아르바이트생에게 먼저 DVD를 보게 한 후 '어떻게 관람하면 재미있는지'에 대해 POP 광고판에 적도록 하는 방법입니다. 예를 들면 다음과 같은 식입니다.

> • 첫사랑을 생각하면서 보면 눈물이 납니다.
> • 남녀가 같이 보면 재밌습니다.

이런 식으로 POP 광고를 하자 해당 DVD 대여수가 늘어나기 시작했고, '적힌 대로 봤더니 정말 재미있었다'며 고객들의 평판이 자자했다고 합니다.

또한 제가 실제로 체험한 일 중에 이런 것도 있었습니다. 예전의 저는 치과란 이에 이상이 있을 때에만 가는 곳이라고 생각했습니다. 그런데 어느 날 치과에서 치아가 반짝반짝 빛날 정도로 스케일링을 받고 난 뒤, 의사선생님이 이렇게 말하는 것이었어요.

"어때요. 기분이 상쾌하죠?"

이를 계기로 저는 치아를 청결하고 깨끗하게 유지하는 것에서 기쁨을 느끼게 되었습니다.

그 이후로 저는 두 달에 한 번은 치아를 청결히 하기 위해 치과에 가게 되었습니다. 양치도 아침저녁으로는 물론이고 시간 날 때마다 하게 되었고 칫솔도 자주 바꿔 줬기 때문에 치과에 간 김에 아예 서너 개를 미리 구입해 오기도 했습니다.

금액으로 따져 보면 예전에는 치과에 지불하는 돈이 0원이었는데, 지금은 연간 60만 원 정도는 지불하게 되었습니다. 보험 적용을 받은 금액이 이 정도니 실제로는 약 200만 원 정도가 될 것입니다.

이처럼 상품의 진가를 알려 주는 것만으로도 여러분 회사의 제품과 서비스가 소비자들의 소비리스트 우선 순위에 오를 수가 있습니다.

 **고객의 세계관 바꾸기**

또한 고객의 세계관을 바꾸는 방법도 있습니다. 고객을 힘들여 설득해 물건에 관심을 갖게 했는데, 그 관심을 끌어올려 주는 적절한 장치가 없으면 이제 막 싹트기 시작한 관심조차 사라져 버립니다. 그래서 고객이 상품과 서비스에 대해 관심을 가지고 있을 때 재빨리 새로운 세계관을 심어 주어야 합니다.

예전에 '시계도 갈아입으셔야죠?'라는 유명한 광고 카피가 유행했습니다. 그래서 시계를 여러 개씩 소유하는 사람이 늘어났습니다. 이런 식으로 하면 안경 같은 경우도 새로운 세계관을 고객에게 어필해 주는 방법을 생각할 수 있습니다.

물론 안경을 자주 갈아준다는 발상은 사람들 앞에 서는 직업을 제외하고는 아직 일반적이라고 할 수 없겠죠. 또한 때때로 안경을 바꿔 쓰는 게 뭐가 좋은지에 대한 의문도 생겨서 비싼 안경을 여러 개씩 소유하고 싶은 생각은 들지 않습니다. 그래서 상황에 따라 안경을 바꿔 쓰면, 영업사원의 경우 고객과 상담할 때 자신감 있게 비친다거나 데이트를 할 때 안경을 바꿈으로써 여성에게 매력적으로 보인다는 식의 구체적인 이점을 들어가면서 고객의 세계관을 바꿔 주는 것입니다.

실제로 제가 아는 어느 안경점에서는 이런 방식을 이용해서 안경이 여러 개 있으면 어떤 점이 좋은지에 대해 이야기해 주기도 하고 액세서

리용 또는 수집용으로도 값어치가 있다는 점을 어필합니다. 그래서인지 그 안경점에서는 한 사람의 고객이 여러 개의 안경을 구입하는 경우가 많다고 합니다.

시계나 안경은 한 사람당 하나라는 낡은 세계관에 머물러 있도록 내버려 둔다면 매출이 늘어날 기회를 날려버리는 것과 마찬가지입니다.

어떤 세미나에서 이 이야기를 했더니, 참가자 중에 관혼상제 관련 업을 하시는 분이 이렇게 반론을 제기한 적이 있습니다.

"우리 회사에 해당되는 이야기는 못 되는군요. 왜냐하면 결혼은 평생에 몇 번씩이나 할 수 없는 데에다, 장례식 또한 두 번 이상 한다는 것도 있을 수 없는 일이니까요."

그래서 저는 이렇게 대답했습니다.

"같은 상대와 여러 번 결혼식을 한다는 새로운 세계관을 만들어 보는 건 어떨까요?"

그랬더니 그 분은 잠시 생각한 뒤 이런 대답을 했습니다.

"'은혼식이나 금혼식에 다시 한 번 웨딩드레스를 입어 보세요.' 같은 캐치프레이즈는 어떨까요?"

정말 멋진 아이디어지요? 요즘은 노인 분들께 화장해 주는 일도 하나의 비즈니스가 될 수 있는 시대입니다. 자식들이 지켜보는 가운데 금혼식과 은혼식을 올릴 수 있도록 해 주는 서비스 역시 훌륭한 사업 아이템이 될 수 있습니다.

이와 같은 발상이 새로운 세계관을 만들어냅니다.

어떻습니까? 고객은 아마추어입니다. 세계관을 조금 넓혀 주는 것만으로 새로운 수요를 얼마든지 만들어낼 수 있습니다.

예전에 저는 어떤 만담가가 주최한 '만담을 듣는 방법'이라는 강연회에 갔다가 이런 이야기를 들은 적이 있습니다.

만담가의 동작은 팬터마임의 동작과 다릅니다. 예를 들어 소주잔으로 술 마시는 동작을 할 때, 팬터마임에서는 손가락이 입술에 닿지 않게 하지만, 만담에서는 손가락 자체를 소주잔으로 간주해 일부러 손가락을 입술에 갖다 대고 술 마시는 시늉을 한다는 이야기였습니다. 이상하게도 그 이야기가 너무나 인상에 남아 그 이후로 저는 기회 있을 때마다 만담을 보러 가게 되었습니다.

그때까지 만담이라면 진부하게 느껴 멀리했던 제가 프로 만담가의 '만담을 듣는 방법'을 딱 한 번 듣고 세계관이 바뀐 것입니다.

여러분의 회사라면 어떤 세계관을 제시해 주겠습니까?

나라면 이렇게 하겠다!

## 생각나는 아이디어를 메모해 볼까요?

| 기대감 높이는 법 2 | 체험 | 12일째 |

# 무료체험 재미에 빠져든 순간
## 그때부터는 내 맘대로!

### 📈 무료체험 기회 마련

'백문이 불여일견'이라는 말처럼 머리로 생각하는 이미지와 실제로 체험한 뒤의 느낌은 전혀 다른 경우가 많습니다. 사용해 보기 전에는 이렇게까지 좋은지 몰랐는데, 실제로 사용해 보니 정말 좋았다는 반응을 보이는 상품들이 바로 이런 예에 속합니다. 흔히들 이런 상품들이 잘 팔리지 않으면 수요 예측을 잘못한 것으로 판단해 쉽게 가격을 낮춰 버리는 실수를 저지르는 경우가 많습니다.

예를 들어, 제 고향에는 '진한 된장 맛 우동'이라는 유명한 특산물이 있습니다. 냄비우동에 진한 된장의 맛을 가미한 것인데, 다른 지역 사람들에게는 '된장'과 '우동'의 조합이 도저히 상상이 안 가는 데다가 유명 전문점에서는 한 그릇에 만오천 원이나 하는 고가여서 얻어먹는다면 몰라도 자기 돈 내고는 사 먹으려고 하지 않습니다.

그런데 가끔 내가 사겠다며 데려가서 맛을 보게 하면, 다음부터는 권하지 않아도 근처에 갈 일이 생기면 꼭 먹으러 가는 사람들이 있습니다.

이처럼 특색 있는 상품은 가치가 없어서라기보다는 고객이 그 진정한 가치를 몰라서 구매하지 않는 경우가 많으므로, 섣불리 가격부터 내리려는 판단은 하지 말아야 할 것입니다.

제가 하는 경영 컨설팅도 사실 이런 상품의 일종이라고 할 수 있습니다. 단순히 정보만 제공해 줄 뿐인데 왜 수백만 원이나 지불해야 하는지 의문을 가지기 때문입니다.

이런 일반인들의 생각을 제대로 납득시키지 못하는 경영 컨설턴트는 우선 가격부터 낮추고 보는 모양입니다. 하지만 그렇게 싼 가격으로는 제대로 된 컨설팅을 해 줄 리가 없습니다. 왜냐하면 좋은 컨설팅을 위해서는 경험에서 얻은 노하우뿐만 아니라 평소에 다양한 서적들과 세미나 등에 많은 돈을 쏟아 부어야 하기 때문입니다.

저 역시 개업 당시는 완전 무명이었습니다. 물론 저서도 한 권 없었습니다. 그러니 저의 가치를 알아주는 사람이 있을 리 만무했습니다.

그 때 제가 생각해 낸 것이 '무료 컨설팅 체험'이라는 것이었습니다.

> 직접 한번 체험해 보시고 가치를 느껴 보십시오. 첫회에 한해서 무료로 컨설팅해 드립니다.

이렇게 영업활동을 했더니, '무료라는데 밑지는 셈 치고 한 번 해 보자'는 사람들이 하나 둘 찾아왔습니다. 당시에 제가 제 스스로에게 다짐한 것은 무료컨설팅이라고 해서 절대로 대충대충은 하지 말자였습니다.

그 결과 무료 상담을 받아본 사람들은 "단순히 정보 제공 차원이 아니라 진정한 사업 파트너로서 고민해 주었다는 호평과 함께 좋은 가격으로 계약해 주었습니다.

이처럼 가치를 한눈에 알아보기 힘든 상품에 대해서는 체험해 볼 기회를 주는 것이 중요합니다.

## 럭셔리 체험 기회 마련

한편, 상품에 대한 가치가 어느 정도 알려진 경우에는 한 단계 높은 상품에 대한 체험 기회를 제공하는 방법도 효과적입니다.

예를 들면 호텔과 같은 사업은 고객의 수요에 따라 전혀 가치가 달라집니다. 무조건 잠만 자면 된다고 생각하는 사람들은 가능한 한 싼 쪽을 선호합니다.

저도 예전에는 그냥 잠만 자면 되는데 굳이 비싼 곳을 이용할 이유가 없다고 생각했습니다. 그래서 가능한 한 싼 곳을 찾아서 예약하곤 했죠. 물론 싱글룸으로 말입니다.

그러다 보니 제가 묵는 곳은 당연히 서비스가 좋지 않았고, 방도 좁아 쾌적하다는 느낌을 받을 수도 없었습니다. 그래서 호텔에 대한 가치를 낮게 평가하곤 했습니다.

그러던 어느 날 호텔 측의 배려로 싱글룸 가격으로 트윈룸에서 숙박할 기회를 가지게 되었습니다. 그날 저는 트윈룸의 넓고 쾌적한 느낌에 마음을 확 빼앗기고 말았습니다. 그리고 그동안 호텔 방에 대해 가졌던 좋지 않은 느낌은 제가 싱글룸만 이용했기 때문이라는 사실을 깨달았습니다.

그 이후로 저는 꼭 트윈이나 더블룸으로 예약하게 되었습니다. 게다가 쾌적함을 중시하게 되어 지금은 호텔도 비즈니스호텔급을 벗어나 조금 높은 수준의 호텔을 이용하게 되었습니다. 당연히 가격은 예전의 두 배 내지 세 배 정도 비싸지만 집에서는 누릴 수 없는 넓은 공간을 만끽하면서 푹 쉴 수 있다는 생각에 조금도 비싸게 여겨지지 않습니다.

이처럼 모든 것을 '싼 게 비지떡'이라고 치부할 수는 없겠지만, 아무래도 값이 싼 것에 대해서는 가치를 못 느끼게 되고, 그러다 보면 그 물건에도 애착이 가지 않는 악순환에 빠지는 경우가 많습니다.

예를 들면 적자를 각오하고 '최상급 스위트룸을 싱글룸 가격으로 체험할 수 있습니다'라는 캠페인을 벌이는 것도 좋겠죠.

저도 싱글룸 가격으로 스위트룸을 체험한 적은 아직 없지만, 이런 정기 이벤트를 실시하면 새로운 스위트룸 고객을 늘리는 계기가 될 수도 있습니다.

설령 스위트룸까지는 힘들더라도 이벤트에 참가한 고객이라면 최소한 더블룸이나 트리플룸 정도로 업그레이드하게 되지는 않을까요?

이처럼 실제 체험을 통해서 몸이 기억하게 만드는 방법은 매우 효과적입니다. 왜냐하면 인간은 좋은 것에 한 번 익숙해지면 더 이상 예전의 수준으로는 돌아갈 수 없는 습성이 있기 때문입니다.

인간은 오감을 가진 동물입니다. 이론적으로 설득하려 하기보다는 오감을 자극하는 편이 훨씬 효과적입니다.

며칠 전에 차를 구입했습니다. 처음에는 지금까지 타던 차가 우리 집 주차장에 주차하는 것이 불편할 정도의 사이즈여서 조금 작은 차로 바꿔 볼까 생각도 했습니다.

하지만 막상 작은 차를 사려고 좌석에 앉아 보니 차 안이 좁아서 도저히 불편할 것 같았습니다. 그래서 결국 전에 타던 차와 같은 사이즈로 결정했습니다.

다른 예도 있습니다. 언젠가 해외여행을 가려고 여행사에 들렀을 때의 일입니다. 여행사 앞에 이코노미석과 비즈니스석의 모델시트가 전시되어 있는 것이 보였습니다.

아시다시피 이코노미석 시트 공간은 매우 좁습니다. 그래서 얼른 비즈니스석으로 바꾸게 되었습니다. 물론 실제로도 비즈니스석이 훨씬 쾌적한 것은 말할 나위도 없습니다. 그래서 저는 지금도 해외여행을 갈 때는 반드시 비즈니스석으로 예약합니다.

여러분들 회사라면 어떤 무료기회를 제공하시겠습니까?

나라면 이렇게 하겠다!

## 생각나는 아이디어를 메모해 볼까요?

기대감 높이는 법 3 | 커뮤니티　13일째

# '커뮤니티'가 가지는 강력한 파워를 아군으로!

### ✎ '동지의식'으로 고객의 마음 사로잡기

'커뮤니티'란 '공동의 관심사를 가진 사람들이 모이는 공간'을 말합니다. 어떤 새로운 분야에 도전하고 싶어도 혼자서는 선뜻 용기가 나지 않고 지속하기도 힘듭니다. 하지만 커뮤니티 공간이 있으면 비슷한 관심사를 가진 사람들과 정보도 교환하고 교류도 할 수 있어서 자기도 모르게 푹 빠지게 되는 경우가 많습니다.

예를 들어, 세무사무소라면 '세금 줄이는 법을 생각하는 모임'이라는 커뮤니티를 만들어 클라이언트인 경영자들을 초대하여 정기적인 모임을 개최합니다. 거기에서는 매월 세무사가 '절세(節稅) 비법'이라는 테마로 강의하고 그것을 바탕으로 각자의 회사에서 실천해 본 결과에 대해 정보를 교환하고 토론하는 시간을 갖는 것입니다. 한 회사씩 날짜를 정해서 발표하는 시간을 할애하는데, 모든 회사가 돌아가면서 다 발표하고 나면, 다음에는 '은행과 좋은 관계를 유지하는 법'이나 '업무계획서 잘 만드는 법' 등 테마를 점점 늘려서 이벤트로 정착시킵니다.

또한 각 클라이언트 중에서 '절세 잘 하는 회사' '은행과 관계가 좋은 회사' '사업계획 잘 세우는 회사'의 경영자들의 이야기를 들음으로써 모임 참가자 스스로가 주체가 되도록 하면서 점점 활성화시켜 나갑니다.

이런 수준에 이르면 이제는 누가 시키지 않아도 앞 다투어 발표를 하겠다고 나서게 되고, 세무감사 시즌에는 여러 가지 비즈니스 의뢰도 받을 수 있습니다.

또한, 겨우 장부 정리 정도의 도움을 받는 데 한달에 수십만 원씩이나 내는 것을 비싸다고 생각하던 회사도 커뮤니티에서의 교류를 즐기게 됩니다.

이렇게 하면 자문료(諮問料)에 대한 사고방식이 확 바뀌어 자문료를 다소 인상하더라도 별 문제 없이 지불해 줍니다.

실제로 제가 거래하는 세무사는 고객들끼리 사이좋게 잘 교류하고 있어서 계약도 장기화되고 자문료 인상 제안에도 쾌히 승낙한다고 합니다.

고객의 마음이 떠나가지 않게 확실하게 잡아 두기 위해서는 회사와 고객의 관계뿐만 아니라 고객과 고객 사이의 관계도 잘 형성해 주어야 합니다.

## 📈 '이벤트 + 상품'의 시너지효과로 매출 늘리기

또한 모임 자체에 가치를 창조하여 그 모임을 통해 수익도 얻고, 더 나아가 상품 구매로 이어지게 할 수 있는 방법이 있습니다. 즉 상품을 먼저 판매하는 것이 아니라 이벤트를 개최하고, 그 이벤트가 상품 판매로 이어지도록 하는 방법입니다.

어느 일식 전문식당에서는 평소에는 구하기 힘든 재료(예를 들면, 참치 한 마리 통째)를 매입해 이벤트 참가자들의 눈앞에서 조리해 보이는 미식가들의 모임을 정기적으로 개최합니다.

물론 인터넷으로 모집하기 때문에 전국에서 미식가들이 모여듭니다. 어떻게 보면 쓸데없이 시간과 노력을 들이는 것처럼 보이지만 사실은 그렇지 않습니다.

우선 정기휴일에 행사를 하기 때문에 다른 고객들에게 피해를 줄 일이 없습니다. 예약제를 통해 참가자 수에 맞춰 비용을 부담하기로 사전에 약속하기 때문에 적자가 날 일도 없습니다.

또한 요리사 한 사람만 있으면 충분하므로 불필요한 인건비도 들지 않습니다. 즉 차익이 그대로 수익금이 되는 셈입니다.

더 좋은 점은 이벤트에 참가한 사람들이 이벤트가 끝난 이후에도 당시의 상황에 대해 서로 이야기하고 싶어서 이벤트가 없는 날에도 가게에 들르게 된다는 점입니다. 이런 식으로 이벤트에서 만난 사람들끼리의 교류가 생기고 그들로 인해 점점 입소문이 나게 됩니다.

그 덕에 이벤트는 항상 만석입니다. 게다가 이벤트 개최 횟수가 늘어남에 따라 이벤트가 없는 날에도 가게를 찾는 고객이 점점 늘어납니다. 또한 이런 기발한 이벤트를 하는 '솜씨 좋은 요리사'라는 점이 이목을 끌어 매스컴에서도 취재를 나오는 등 식당의 가치는 점점 높아졌습니다.

고객들 간 교류의 장을 만들어 주자는 취지에서 시작한 일인데 결과적으로는 식당의 가치를 높이는 역할을 한 것입니다.

이처럼 교류의 장을 만들어 주는 이벤트는 강력한 파워가 있으니 없는 시간이라도 쪼개서 개최해야 하지 않을까요?

## 브레인스토밍

고객 간 교류의 장을 마련하는 일은 꼭 권하고 싶은 방법입니다. 저도 '고액고객유치 실천회'라는 모임을 주최하고 있는데, 거기에서 정기적으로 하는 행사 중 하나가 '성과 발표회'라는 것입니다.

'성과 발표회'는 고액고객유치 마케팅이라는 공통된 관점에서 서로가 경영 현장에서 실천한 성과를 발표하거나 경영상 힘든 점에 대해 서로 고민해 줌으로써 재빨리 문제를 해결하는 역할을 합니다.

저 또한 모임 때마다 감탄하게 되는데, 고액고객유치 마케팅이라는 제 이론을 실제 경영 현장에서 실천하는 경영자들이 열 명만 모여도 그 아이디어와 에너지가 정말 강력하다는 것을 알 수 있었습니다. 그들의 파워풀한 아이디어와 에너지는 제가 당해낼 수 없을 정도입니다. 게다가 이런 공간을 만들어 주었다는 사실만으로 회원들로부터 감사를 받습니다.

이처럼 단순히 각 회사의 힘으로만 고객을 끌어들이려고 할 것이 아니라 고객들 간의 교류의 장을 만들어 주는 편이 훨씬 효과적입니다.

> 나라면 이렇게 하겠다!

## 생각나는 아이디어를 메모해 볼까요?

기대감 높이는 법 4 | 가이드  14일째

# 폴로업(follow-up)
## 고객의 잠재적 욕구 이끌어내기

### 📈 카운슬링으로 잠재적 욕구 이끌어내기

우리가 새로운 일을 시작하기 위해서는 어떤 계기가 필요합니다. 때로는 한두 가지가 아닌 여러 가지 계기가 겹쳐서 전에는 생각지도 못했던 일을 시도하게 됩니다.

예를 들면, 하루에 100만 원이나 하는 비즈니스 세미나에 자주 참가하는 경영자가 있습니다. 그런데 그 사람도 처음에는 지인으로부터 소개받은 비즈니스 서적을 읽었다거나 우연히 참가한 경영자 모임에서 유익한 세미나를 경험한 것이 그 계기였다고 합니다. 이러한 계기를 친구나 지인으로부터가 아니라 회사가 어떤 목적을 가지고 이끌어 주자는 것이 앞으로 소개할 '가이드'라는 방법입니다.

치과병원을 예로 들어 볼까요?

치과병원 하면 충치나 치료하는 곳이라는 이미지가 아직도 강합니다. 물론 경쟁이 치열하지 않다면 충치를 치료하는 것만으로 충분하겠지만, 치과업계도 경쟁이 치열하기 때문에 충치환자 치료 이외의 다른 수요에 대해서도 모색해 볼 필요가 있습니다. 다른 수요란 '치아 미백' '입 냄새 방지' 등과 같이 치통 치료 이외에 입안을 상쾌하게 유지하는 데에 초점을 맞춘 치료법입니다. 이런 종류의 수요는 실제로 꽤 있고, 치아 에스테 숍 같은 고급 치아 케어 시설까지 있습니다.

그렇다고 해서 충치 치료 중심의 병원이 갑자기 치아 에스테를 할 수는 없는 노릇입니다.

가장 좋은 방법은 치통 때문에 병원을 찾은 환자들에게 더 이상 치통으로 인해 고생하는 일이 없도록 정기적인 관리를 받으라고 권해 보는 것입니다. 그렇게 해서 치통으로 고생하고 싶지 않다는 데에 공감을 얻어낸 뒤 나중에 기회를 보아서 치아를 하얗게 바꿀 수 있다거나 입냄새를 제거할 수 있다는 등의 잠재적인 욕구를 이끌어내는 것입니다.

이것은 모든 업종에 응용할 수 있는 효과적인 방법입니다.

단, 앞으로는 고객의 욕구를 들어주는 것만으로는 효과가 없습니다. 고객이 진정으로 고민하는 것을 해결하기 위해 무엇이 필요한지를 고객과 함께 대화함으로써 그 진정한 해결책을 찾도록 하는 것이야말로 다음 단계로 자연스럽게 유도할 수 있는 노련한 카운슬링입니다.

### 메일이나 우편을 통해 개별적으로 지원하기

또한 고객을 간접적으로 가이드하는 방법도 있습니다. 이 방법은 메일을 통해 지속적으로 지원하는 방법입니다.

예를 들어서 설명해 볼까요? 홈페이지 제작회사를 운영하는 친구가 있는데, 그 친구 말로는 홈페이지 만들기 붐은 이미 끝난 지 오래라고 합니다. 그런 상황에서 실적을 올리려면 이미 홈페이지를 운영하고 있는 사람들에게 계속 리뉴얼하도록 권장하는 방법밖에 없습니다.

하지만 수요라는 것은 순식간에 다른 곳으로 옮겨가기 마련입니다. 예를 들어, 윈도쇼핑 중인 여성을 떠올려 보십시오. 보석점에 있는 동안은 목걸이에 온정신이 쏠리지만 그 가게를 나서서 건너편에 있는 드레스숍으로 시선이 옮겨지면 당장 관심은 드레스 쪽으로 이동합니다.

이와 마찬가지로 홈페이지 제작을 했다고 해서 다음에 추가사항이 생겼을 때 당연히 이쪽에 연락할 거라는 생각으로 고객을 방치한다면 고객의 관심은 다른 곳으로 쏠리게 되고, 돈을 그 쪽으로 쓰기 마련입니다. 따라서 지속적으로 홈페이지의 노출 빈도를 높이고, 아울러 홈페이지를 통한 고객 확대 방안 등을 지속적이고 다양한 방법을 통해 지원해 주어야 합니다. 그 밖에도 블로그 및 기타 여러 서비스 관련 정보를 정기적으로 제공함으로써 고객으로부터 지속적인 추가의뢰가 들어오도록 유도해야 합니다.

어떤 업종이든 잠재적인 고객의 욕구를 미리 파악하여 메일 등 다양한 경로를 통해 지원해 주면 지속적인 의뢰를 받을 수 있습니다.

메일을 보낼 때에도 가급적 전체 메일보다는 고객 한 사람 한 사람에게 개별적으로 메일을 보내는 것이 효과적입니다. 그렇게 하면 자신의 마음을 진정으로 잘 헤아려 준다는 점을 충분히 이해하게 되고, 자신에게 진정으로 필요한 부분임을 인식하게 되어 이쪽을 믿고 가이드에 따라 상품을 구입하게 됩니다.

고객이 인터넷을 잘 이용하지 않는 업종의 경우는 전통적인 방법, 즉 우편을 이용하는 것도 좋습니다.

## 브레인스토밍

진정한 가이드가 되어서 고객이 흠뻑 빠지게 하는 것이 중요합니다.

며칠 전 아는 사람의 권유로 도자기 공예 체험을 하게 되었습니다. 3만 원만 투자하면 직접 도예를 체험할 수 있다는 말에 가벼운 마음으로 참가했는데, 끝나고 보니 10만 원이나 돈을 써 버린 사실을 알고는 도예교실 가이드의 사업 수완에 감탄하지 않을 수 없었습니다.

방법은 간단했습니다. 만들고 싶은 것을 마음대로 만들고, 자기가 만든 작품 중에서 소장하고 싶은 작품의 재료값을 지불하는 방식이었습니다. 그런데 저는 막상 만들고 보니 제가 만든 작품을 단 하나도 놓치고 싶지 않았던 것입니다. 그러니 재료값으로 10만 원이나 지불하게 되었던 거지요.

같이 참가했던 사람들 중에서 3만 원만 지불한 경우는 단 한 사람도 없었습니다. 그럼에도 불구하고 비싸다고 불평하는 사람 또한 없었습니다. 왜냐하면 어디까지나 스스로 인정하고 원하는 만큼 가져간 결과이기 때문입니다.

이상적인 구매 유도 방법이라 하지 않을 수 없습니다. 여러분이라면 어떤 식으로 가이드하시겠습니까?

나라면 이렇게 하겠다!

## 생각나는 아이디어를 메모해 볼까요?

| 기대감 높이는 법 5 | 어드바이스 　15일째　

# 이게 다가 아니라 '즐거움은 이제부터'라는 기대감 유지시키기

### 📈 한 발 한 발 다가가는 전략으로 완전 포섭하기

인간은 '드디어 이루어냈다'고 생각하는 순간 갑자기 열정이 식어 버리기 마련입니다. 예를 들어 학원의 경우, 어느 정도 영어회화가 가능한 수준이 되면 거기에서 만족해 버림으로써 더 이상 학원 다닐 필요를 못 느끼게 되는 것이죠.

따라서 의도적으로 '이게 다가 아니다'라고 생각하게 만드는 것이 중요합니다. 아이들에게 인기 있는 비디오 게임의 경우가 그런 심리를 잘 이용하고 있는 예입니다. 1단계가 끝나면 반드시 2단계로 넘어가게 되어 있고, 다시 3단계로 이어지도록 구성되어 있습니다. 악전고투 끝에 마지막 단계에 이르렀다고 생각할 무렵에는 바로 시리즈 2탄이 등장하도록 되어 있습니다. 이런 것을 보면 참으로 비즈니스 수완이 좋구나 하는 생각이 절로 듭니다.

이런 방법을 응용해서, 영어를 얼마만큼 하면 어떤 일을 할 수 있고, 그 수준을 뛰어넘으면 또 무슨 일이 가능한지 등을 알려줌으로써 수강

생이 흥미를 잃지 않고 다음 단계에 도전하고 싶어지도록 만드는 시스템이 필요합니다.

예를 들면, 영어회화 숙련도와 수강횟수를 더해 포인트를 만들고, 일정 포인트에 도달하면 해외여행을 선물하는 것은 어떨까요?

이것은 단순히 해외여행을 선물하는 프로그램이 아니라, 레벨을 정해 두고 그 레벨에 따라 하와이, LA, 뉴욕, 그 다음에는 유럽 식으로 게임적인 요소를 도입해서 단순한 포인트 제도를 뛰어넘는 것입니다.

어떻게 보면 해외여행 같은 고액의 선물을 주는 것이 채산성을 떨어뜨린다고 생각할지 모르겠습니다. 하지만 레벨을 올리기 위해서는 수강생들 또한 지속적으로 돈을 투자해야 하기 때문에 수익모델이 되기에 충분한 방법입니다. 물론 이런 럭셔리한 플랜이 아니라 단순한 플랜이라도 괜찮겠습니다. 더구나 요즘은 저렴한 여행상품이 많으므로 그리 부담되지는 않을 것입니다.

## 📈 '동경의 대상'을 쫓는 심리 이용하기

미국의 다이어트 프로그램을 보면 왕(王) 자가 선명한 복근을 자랑하는 늘씬하고 단단한 근육질의 멋진 남녀가 등장합니다. 그리고 이 다이어트 프로그램을 이용하면 여러분도 이렇게 될 수 있다는 듯이 광고합니다.

이 다이어트 프로그램 광고의 키포인드는 늘씬하고 단단한 근육질의 멋진 남녀 모델을 기용한 점이겠죠. 멋진 남녀 모델을 보면서 왠지 모를 기대감이 생기는 것입니다. 이처럼 동경하는 마음을 잘 활용하는 것도 한 방법입니다.

예를 들어 테니스 교실의 경우, 우선은 동경할 만한 멋진 코치의 이미지를 만듭니다. 테니스를 배울 뿐만 아니라 코치가 출전하는 대회 관람 프로그램을 커리큘럼 안에 포함시키거나 코치와 같이 차를 마실 수 있는 기회도 줍니다. 이렇게 하면 테니스를 잘 치기 위해 코치는 어떤 생각을 하고 어떻게 생활하는지 알게 되고, 테니스라는 운동에 대한 이해도 깊어져 더욱 열중하게 됩니다.

또한 처음에는 그저 멋으로만 여겼던 것이 코치의 인생관과 인간적인 면을 이해함으로써 어느새 코치의 팬이 되어 코치의 인생관과 인간적인 면을 테니스를 통해서 배우고자 하는 사람들마저 생겨납니다. 이처럼 동경의 대상이 되는 사람 곁에 있는 것만으로 만족감을 느끼는 수요는 분명히 있습니다.

중요한 것은 고객이 친근하게 느낄 만한 존재를 동경의 대상으로 만드는 일입니다. 이를 위해서는 동경의 대상과 대화할 수 있는 기회를 만들어 주거나 친근감을 갖게 할 필요가 있습니다. 인간은 아무리 대단한 사람이라도 자기 주변에 있으면 그 사람을 목표로 삼고 싶어하는 법입니다.

제 말을 잘못 이해해서 무슨 유명인을 게스트로 초청하라는 말로 착각하는 사람들이 있는데, 이것은 이벤트 효과는 있을지 몰라도, 회사 자체의 팬을 모으는 데에는 전혀 효과가 없습니다.

왜냐하면, 그런 사람들은 동경의 대상은 될지언정, 목표의 대상으로 삼기에는 어렵기 때문입니다. 중요한 것은 동경하면서도 목표로 삼고 싶어지는 친근한 존재를 만드는 일입니다.

앞에서 설명한 바와 같이, '목표'와 '동경의 대상'을 만들어 주면 고객으로 하여금 계속 흥미를 갖게 하는 효과가 있다는 점에 대해 여러분도 경험한 적이 있을 것입니다.

저는 예전에 한 특수촬영 각본가가 쓴 칼럼을 읽은 적이 있습니다. 그 칼럼에는 이렇게 적혀 있었습니다. 주인공의 적으로 등장할 상대 캐릭터를 만들 때 대체적으로 화(火), 수(水), 토(土), 목(木)과 같은 자연물에서 모티브를 얻어 순서대로 등장시킨다고 합니다.

예를 들면 이렇습니다. 우선 불을 내뿜는 괴물 캐릭터를 등장시킵니다. 그 다음에는 반은 사람이고 반은 물고기인 캐릭터를 내보내고 그 다음에는 두더지 괴물 캐릭터, 나무 괴물 캐릭터의 순으로 등장시킵니다.

그리고 이 괴물캐릭터들이 괴멸되면 이번에는 그들을 초월한 존재로서 하늘과 달을 모티브로 한 괴물을 만들어 내고, 다음으로는 우주, 마지막에는 신을 모티브로 한 괴물 캐릭터를 만들어 낸다고 합니다.

이 칼럼을 읽고 보니, 대부분의 SF영화가 이런 흐름으로 되어 있다는 생각이 들었습니다. 고객에게 흥미를 유발시키는 단계도 이렇게 주요 요소들을 분석해 보면 비슷한 것 같습니다.

> 나라면 이렇게 하겠다!

## 생각나는 아이디어를 메모해 볼까요?

> ## 포인트 정리
>
> 어떻습니까?
>
> '티칭', '체험', '커뮤니티', '가이드', '어드바이스'의 5가지 스텝을 차근차근 익힘으로써 고객을 어떻게 매료시킬지에 대한 많은 이미지가 떠올랐을 것입니다.
>
> 물론 기업 형태에 따라 똑같이 적용할 수 없는 경우도 있을 것입니다. 하지만 발상에 대한 핵심만 이해하더라도 어떤 분야에든 충분히 응용할 수 있습니다.
>
> 여기에서 설명한 5가지 스텝에 대해서도 다음 페이지에 알기 쉽게 정리해 두었으므로 복습해 보시기 바랍니다.

## 고객의 기대감을 높이는 5가지 방법

### 1. 티칭

➡ 가치를 알면 반드시 사고 싶어진다! 상품가치를 고객이 제대로 알 수 있도록 한다.
- → 상품과 서비스가 가지는 의의, '숨은 진가'를 알려 준다.
- → 고객의 세계관을 바꿀 수 있도록 상품 사용법과 매력에 대해 어필하여 구입 기회를 늘린다.

### 2. 체험

➡ 무료체험 등을 통해 상품가치를 알림으로써 고객을 팬으로 만든다.
- → 무료체험 기회를 줌으로써 상품의 좋은 점을 알린다.
- → 현재의 상품에 만족했다면 한 단계 위의 상품에 대한 무료체험 기회를 제공한다.

## 3. 커뮤니티

➡ 고객들 간의 '커뮤니티'가 가지는 강력한 파워를 이용한다.
  - → 고객들이 교류할 수 있는 커뮤니티 공간을 만들어 주어 고객과 고객이 동료 의식을 갖도록 유도하면 확실한 단골고객이 된다.
  - → 이벤트 등을 통해 참가자를 모집하여 커뮤니티를 만들면 결과적으로 상품 구입으로 이어진다.

## 4. 가이드

➡ 카운슬링 및 이메일과 우편을 통한 고객지원 서비스로 고객의 잠재적인 욕구를 불러일으킨다.
  - → 고객과의 장시간 카운슬링을 통해 잠재적인 욕구를 불러일으킨다.
  - → 이메일과 우편을 통한 개별적 지원으로 수요를 이끌어낸다.

## 5. 어드바이스

➡ 동경의 대상과 목표를 가지도록 하여 고객을 포섭한다.
  - → 고객이 다음 단계로 나아가고 싶어할 만한 재미있는 장치를 만든다. 게임에서 레벨이 올라갈수록 다음 단계의 게임소프트를 사게 되는 것과 비슷한 심리를 이용한다.
  - → 테니스 코치와 같이 '동경의 대상'을 만들어, 그 사람을 궁극적인 목표로 삼도록 해 준다.

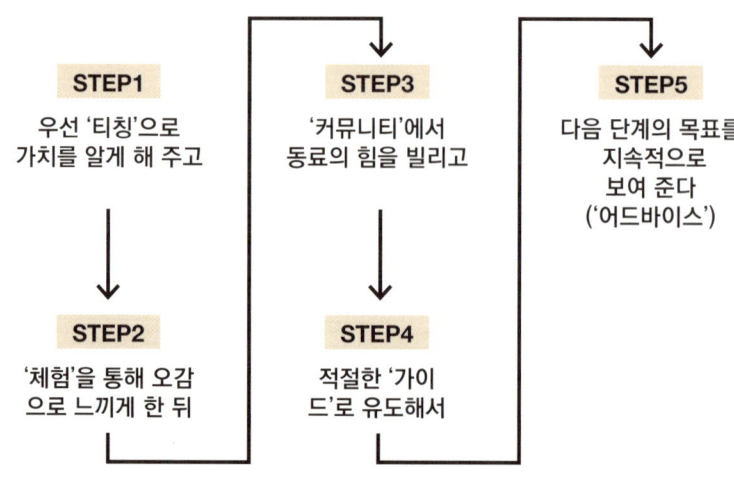

# 6

## 이 정도면 할 수 있다!
## 객단가 올리기의 3가지 패턴

# 객단가 올리기의
# 3가지 패턴 살펴보기

    상품가치를 높이기 위한 3가지 요소와 15가지의 구체적인 방법을 잘 익히셨는지요? 이 방법들을 알고 있는 것만으로 이미 여러분은 고액고객유치자들이 흔히 쓰는 방법을 충분히 익힌 셈입니다.

    상품을 멋지게 연출할 수만 있다면 전혀 다른 상품으로 보이게 할 수도 있고, 상품 제공 방법에서 아이디어만 잘 내면 고객을 충분히 기쁘게 해 줄 수 있습니다. 그리고 상품에 대해 어떻게 기대감을 심어 주느냐에 따라 고객은 상품에 대해 광적인 팬이 되기도 합니다.

    남은 일은 이런 방법들을 그때그때 상황에 맞게 응용해 가는 것입니다. 잘만 적용하면 부가가치가 높은 상품을 제공하는 셈이기 때문에 가격경쟁에 휘말릴 일도 없을 뿐 아니라 고객이 만족해하면서 구매에 응해 주는 선순환 구조가 만들어지게 될 것입니다.

    하지만 아직도 어떻게 '고액고객(비싸더라도 구매해 주는 고객)'이 늘어나는지에 대한 구체적인 흐름과 성공 이미지가 떠오르지 않을지도 모르겠습니다.

그래서 이 장에서는 지금까지 익힌 방법을 기초로 해서 객단가를 올려주는 3가지 방법에 대해 구체적인 흐름을 예화를 통해 소개해 보겠습니다.

〈객단가 올리기 3가지 패턴〉

① 가격이 인상되어도 구매하도록 유도할 것
② 고급상품을 구매하도록 유도할 것
③ 한꺼번에 몰아서 구매하도록 할 것

또한 지금부터 이야기할 내용은 실제 성공 사례를 바탕으로 만들었지만, 사생활 보호를 위해 설정을 약간 바꾸었습니다. 그래서 '예화'라고 부르기로 하겠습니다.

객단가 올리기 패턴 1

# 성공적인 가격인상

### 📈 가격인상의 목적은?

가격인상 단행은 고액고객유치 마케팅의 왕도입니다. 그 이유는, '상품 이외의 가치'를 올려서 가격을 인상했을 때 그것이 고객에게 받아들여지는지 확인할 수 있는 절호의 기회이기 때문입니다.

하지만 실상은 제가 아무리 경영자들에게 가격인상을 권유하더라도 고개를 가로저으며 거절하거나 이론적으로는 그럴 듯하지만, 실행에 옮기기는 무리가 있다는 미지근한 태도를 보이는 경우가 많습니다.

하지만 한편으로는 확실하게 가격인상을 단행하는 사람도 많습니다.

어떤 카페는 커피와 홍차 가격을 300원씩 올렸는데도 고객수에는 전혀 변함이 없었을 뿐만 아니라 한 달 수익이 100만 원이나 늘었다는 이야기를 해 왔습니다. 어떤 치과병원은 보험 적용이 안 되는 치료비의 가격을 1.3배로 올렸더니 보험 적용이 안 되는 부문의 매출이 보험이 적용되는 치료비의 수입과 거의 같아졌다고 합니다.

또한 어떤 비디오 대여점은 소비세분을 인상했더니 연간 2천만 원의 수익이 늘어났다는 소식을 보내왔습니다. 이런 예는 헤아릴 수 없이 많지만 제 기준으로는 별로 새삼스러울 것도 없는 일이어서 일일이 기억에 남아 있지도 않을 정도입니다.

이런 여러 예들의 공통점은 가격인상을 해도 '고객수에는 크게 변함이 없다'는 사실입니다. 실제로 제가 지도했던 회사 가운데에서 가격인상 이후 상황이 악화된 회사는 한 곳도 없었습니다.

물론 그렇다고 해서 여러분 회사가 반드시 가격인상에 성공한다는 보장은 없습니다. 하지만, 그래도 굳이 저는 여러분들에게 이렇게 말하고 싶습니다.

"바쁘기만 할 뿐 수익이 나지 않는 비즈니스를 평생 할 바에는 차라리 가격인상에 한번 도전해 보지 않겠습니까?"

냉정하게 들릴지 모르겠지만, 싼 값 때문에 왔던 고객이 나중에 가격이 약간 올랐다고 해서 오지 않는다면 그 회사는 자연스럽게 도태될 수밖에 없기 때문입니다. 따라서 가격인상은 기업의 존폐를 건 도전이라고 할 수 있습니다.

### 가격인상에 관한 이야기

그렇다고는 해도 말처럼 그렇게 간단한 일이 아니라는 것은 잘 알고 있습니다. 아마 이 책을 읽고 계시는 여러분 마음속에는 이상과 현실 사이에서 격심한 갈등이 일고 있겠죠?

당연한 일입니다.

그래서 제가 겪은 이야기를 하나 들려드리겠습니다. 이 이야기의 주인공을 여러분 자신이라 생각하고 읽어 주시기 바랍니다.

가게 주인이 직접 시장에 가서, 자신이 엄선한 질 좋은 재료만으로 요리를 하는 일식집이 있었습니다. 당연히 입소문이 나기 시작했고 급기야 가게는 항상 예약손님만으로 다 찰 정도였습니다.

그런데 그 가게주인이 아는 사람을 통해 제게 상담을 의뢰해 왔습니다. '바쁘기만 바쁘고 수익성이 없어 어떻게든 활로를 모색하고 싶다'는 내용이었습니다. 자세한 이야기를 들어보니 손님은 계속 오는데 코스요리를 만드는 데 시간이 걸리기 때문에 좌석 회전율이 낮아 하루에 테이블당 두 번밖에 손님을 못 받는다는 것입니다. 즉 하루 고객이 최대 20명 정도밖에 안 되기 때문에 수익성이 현저하게 떨어진다는 이야기였습니다.

저는 일단 가게 주인에게 나름대로 해결책을 생각해 본 것이 있는지 물어봤습니다. 그랬더니 저녁 시간에는 항상 만원이기 때문에 무리를 해서라도 낮 시간에도 문을 열까 생각 중이라고 합니다. 그래서 저는 고액고객유치 마케팅 방법을 일러 주었습니다.

즉 낮 시간에도 영업을 한다면 조금이나마 매출은 오르겠지만 그에 따른 인건비도 발생하기 때문에 수익성이 떨어져 좋지 않다는 점, 또한 이전보다 바빠지게 되면 저녁 장사를 위한 준비와 질 좋은 재료만을 사용한다는 철칙도 소홀해지기 마련이어서 결과적으로 잠재적 고액고객층이 떠나갈 수도 있다는 점을 지적해 주었습니다.

그래서 먼저 저녁의 코스요리 가격을 인상해서 가게의 가치를 진정으로 알아주는 사람들만 남게 되면 그 사람들끼리 커뮤니티를 만들어 주는 것이 좋지 않겠느냐고 제안했습니다.

하지만 가게주인은 우울한 표정을 지으며 이렇게 말했습니다.

"이론상으로는 잘 알겠지만 가격을 인상하는 것은 고객들에게 죄송

한 일입니다. 고객들을 배신하는 행위입니다."

저는 결국 더 이상 이야기를 할 수가 없었습니다.

하지만 며칠 지나지 않아 가게 주인으로부터 이메일을 통해 연락이 왔습니다. 아무래도 가격인상 이외에 활로가 없는 듯하니 잘 지도해 달라는 단 한 줄의 내용이었습니다. 간단한 문장이었지만 그 한 문장에서 그의 비장한 각오가 충분히 느껴졌기 때문에 다시 한 번 만나보기로 했습니다.

만나서 다시 이야기를 들어보니 요지는 다음과 같았습니다.

'이쯤에서 가격을 인상하지 않으면 언제까지나 이렇게 바쁘기만 하고 수익성 없는 상태가 계속될 것 같다. 나는 좋은 음식을 대접한다는 자부심 하나는 확실하다. 따라서 가격을 인상해서 승부를 걸고 싶다.'

이렇게 말하는 그의 눈을 한참 동안 가만히 들여다보니 과연 비장한 각오가 느껴졌습니다. 그래서 이렇게 물어보았습니다.

"만약 실패하더라도 저는 책임을 지지 않습니다. 괜찮으시겠습니까?"

이 말은 컨설팅을 할 때 제가 자주 쓰는 말입니다. 이렇게 냉정한 태도를 보임으로써 상대방이 얼마만큼 비장한 각오로 임하고 있는지를 알 수 있기 때문입니다.

그는 내 말에 부담을 느꼈는지 침을 한 번 꿀꺽 삼키고는 불안해하면서도 진지한 표정으로 짧게 "예" 하고 대답했습니다.

이렇게 해서 가게 주인과 저의 2인 3각 경기가 시작됐습니다. 우선 맨 처음에 한 일은 가족과 직원들의 의식을 통일시키는 일이었습니다. 왜냐하면 가게 주인 혼자만 아무리 굳은 각오를 했다고 하더라도 무엇보다 중요한 가족들이 그저 그런 태도를 보인다면 고객들은 금방 알아채기 때문입니다.

그래서 저는 주인에게 가족들과 직원들을 불러 면담하게 했습니다. 먼저 가게 주인에게 '이대로 가면 미래가 없다. 그렇기 때문에 가격인상으로 승부를 걸어야 한다'는 내용을 가족과 직원들에게 알리도록 한 뒤, 제 쪽에서는 '가격인상을 받아들여 줄 잠재적인 고객은 전체 고객의 80% 정도'라는 점을 알려주었습니다.

그 결과 모두가 굳은 각오로 일에 착수할 환경이 마련되었습니다.

이제 실행에 옮기는 일만 남았습니다.

먼저, 코스요리의 가격과 내용을 자세히 확인해 보니, 3만 원짜리 코스요리는 다섯 가지, 5만 원짜리와 7만 원짜리 코스요리가 각각 일곱 가지였습니다.

연간 주문 내역을 살펴보니 3만 원짜리 코스요리보다는 5만 원과 7만 원짜리 코스요리의 주문이 더 많았다는 사실을 알게 되어 3만 원짜리 코스요리는 없애는 방향으로 하자는 가설을 세웠습니다.

이 가설을 기초로 제가 제시한 것은 5만 원짜리 코스요리를 6만 원으로, 7만 원짜리 코스요리를 8만 원으로 인상하고, 10만 원짜리 코스요리를 새롭게 만들면 어떠냐는 안이었습니다. 10만 원짜리 코스요리를 만든 것은 이 가게의 질을 좀 더 높이기 위해서입니다. 뿐만 아니라 10만 원짜리 최고급 코스요리 메뉴를 새롭게 만들어, 직원들에게 부가가치를 높일 수 있는 아이디어를 내게 하고 싶었던 것입니다. 이 가격을 기준으로 가게 주인과 요리사에게 상품 연출법을 고안해 보도록 했습니다. 단, 원가는 그대로 둔 채로 말입니다.

그랬더니 두 사람으로부터 고객에게 요리 재료에 대해서 자세히 설명해 주는 건 어떻겠냐는 의견이 나왔습니다. 즉 이 요리의 재료는 어디에서 난 것인지, 어떤 특징을 가지고 있는지 등에 대해 자세히 설명해 줌으로써 요리의 가치를 높이자는 것입니다.

괜찮은 아이디어여서 당장 채택하기로 하고, 이번에는 제공방법과 고객에게 어떤 식으로 기대감을 줄 것인지에 대한 과제를 내 주었습니다. 그랬더니 며칠 생각한 끝에 다음의 두 가지 아이디어가 나왔습니다.

첫 번째는 고객과 대화를 나누는 도중에 자연스럽게 다음 메뉴와 관련한 이야기를 한다는 것입니다. 그렇게 하면 '우아한 한때'를 느끼게 해 줄 수 있을 것이라고 합니다.

두 번째는 지난번에 냈던 요리는 고객이 바라지 않는 한 기본적으로는 다시 내지 않는다는 규칙을 만들어 팸플릿에 싣자는 것이었습니다. 고객이 가게에 대해 계속 흥미를 가질 수 있도록 하기 위한 방법이라고 합니다.

저는 이 두 가지 아이디어를 듣고, 이 아이디어라면 충분히 승산이 있다고 확신했습니다. 이런 준비 끝에 드디어 가격인상을 단행하기로 했습니다. 하지만 갑자기 가격을 인상하면 고객의 기분을 해칠 수도 있기 때문에 우선은 단골고객을 중심으로 다음과 같은 내용의 편지를 보내도록 했습니다.

> 저희 가게는 10월 1일을 기해 코스메뉴를 다음과 같은 가격으로 조정하게 됩니다.
> 고객들께 더 나은 요리와 서비스를 제공하여 만족도를 높이기 위해 메뉴를 재구성하고 서비스 방식을 개선했습니다. 앞으로도 잘 부탁드립니다.

가게 주인은 각오를 했다고는 하나 내심 불안했을 것입니다. 가격인상을 단행할 뿐만 아니라 가격인상 사실을 고객에게 당당히 밝혀야 했으니까요.

하지만 그것은 기우로 끝났습니다. 오히려 바뀐 메뉴를 궁금해하는 많은 고객들의 문의가 잇따랐습니다. 그 결과 향후 3개월 동안의 예약이 꽉 들어차게 되었습니다. 게다가 가게에 온 손님들 중 90% 이상은 그 이후로도 계속 오게 되어 고객수에는 거의 변화가 없었으므로 객단가를 올리는 데에 멋지게 성공한 것입니다.

경영수치로 말하면 연간 매출이 5억에서 7억으로 대폭 오르게 되어, 무려 1억 원의 순수익을 냈습니다.

이 성과에 대해 가게 주인은 "처음 시작할 때는 가족은 물론이요, 세무사까지 반대했는데, 큰 맘 먹고 추진하길 정말 잘 한 것 같아요." 하며 기뻐했습니다. 지금 이 가게 주인은 더욱 고객을 만족시키기 위한 요리 연구에 매진하는 날들을 보내고 있습니다.

##  무난히 가격을 인상할 수 있었던 요인은?

이런 성과를 얻게 된 배경에 대해서 다시 정리해 봅시다.

우선, 가장 중요한 것은 가게 주인 본인이 고객수 늘리기에만 의존해서는 살아남기 힘들다는 사실을 확실하게 인식했다는 점입니다.

이 이야기 중에서 가게 주인이 생각을 바꾸게 된 첫걸음은, 저와의 첫번째 면담에서는 받아들이지 않았던, '고객수 늘리기에만 의지해서는 힘들다'는 사실이 오너의 뇌리에 각인됐다는 점입니다.

그리고 뇌리에 각인되어 있던 그 말이 조금씩 마음속에서 차지하는 비중이 커지면서 가격인상을 단행하기에 이르렀다는 점을 생각하면 정말 큰 한걸음이었다고 할 수 있습니다.

다음으로는 부가가치를 올리는 데에 필요한 최상의 아이디어를 냈다는 사실입니다. 음식재료에 대한 설명을 한다는 것은 '에피소드'를 이야기해 주는 방법에 해당됩니다. 음식재료를 알게 되면 그 음식에 대한 관심이 더 높아집니다.

또한 고객과의 대화 도중에 다음 요리에 관한 이야기를 꺼낸다는 것은 '가이드'의 응용입니다. 고객이 자연스럽게 식사를 즐길 수 있도록 유도해 준 것입니다.

그리고 같은 음식을 제공하지 않는다는 것은 '지식'에 해당합니다. 요리에 대한 전문지식을 발휘해서 항상 새로운 맛을 즐기도록 함으로써 고객을 매료시켜 단골고객이 되도록 한 것입니다.

게다가 갑자기 가격인상을 단행하지 않고 제대로 된 합의를 이끌어 냄으로써 고객의 심기를 거스르는 무리수도 두지 않았습니다.

느낀 점 메모하기

## 느낀 점을 자유롭게 적어 볼까요?

객단가 올리기 패턴 2

# 더욱 품격 있는 '고급 상품' 판매하기

## 📈 품격을 높이는 목적은?

더욱 품격 있는 고급 상품'을 구입하게 하는 것, 즉 '고급화' 또한 꼭 추진하길 권합니다. '고급화'가 성공하기 위해서는 우선 고객에게 '상품의 진가'를 알려 주는 작업이 필요합니다. '싼 게 비지떡'이라는 말이 있듯이 싸게 살 수 있다고 해서 싸다는 점에만 초점을 맞추지 않도록 고객을 유도해야 합니다.

예를 들면, 며칠 전 저는 이삿짐센터 서비스를 이용했는데, 몇 군데 업자가 서로 일을 따내기 위해 점점 가격을 하향조정해서 제안해 왔습니다. 그 때 저는 마음속으로 '싸다는 점밖에 내세울 게 없는 건가?'라는 생각을 했습니다.

싼 값만 쫓았다가 고객이 나중에 후회하지 않도록 다소 비싸더라도 안전하게 이삿짐을 운반해 준다는 점, 애프터서비스가 확실하다는 점을 내세워 비싸더라도 더 좋다는 점을 당당히 어필하는 것이 중요하지 않을까요?

하지만 안타깝게도 대부분의 업체들은 내용이 알차서 권유하고 싶지만, 고객들이 비싸게 여길 것 같아 싼 값을 어필한다고 합니다.

하지만 고액고객을 유치하고자 하는 회사는 절대 이런 식으로 어필하지는 않습니다.

"솔직히 비싸긴 합니다만, 이 쪽 서비스를 적극 추천하고 싶습니다."라고 당당히 말해야 합니다. 그리고 왜 그 서비스를 추천하는지 진정한 프로의 입장에서 명확하게 설명해야 합니다.

물론 억지로 강요해서는 안 됩니다. 고객이 바라는 바를 정확하게 파악한 뒤 비싸더라도 당당히 권유하는 자세를 보여야 합니다.

저는 치과병원 관련 컨설팅회사의 이사직을 겸하고 있습니다. 그렇기 때문에 지금까지 100여 개가 넘는 병원의 경영컨설팅을 담당해 왔습니다. 최근에는 보험 적용이 안 되는 자비부담 부문으로 전환하려는 문제와 관련된 상담을 많이 받습니다.

지금까지 해 온 보험적용 치료부문에서는 배당분이 적기 때문에 간신히 흑자를 유지해 오던 치과병원들이 경영이 힘들어져, 보험적용과는 무관한 자비치료를 환자들에게 권유하게 된 것입니다.

저는 오히려 이 상황이 치과병원으로서는 큰 기회라고 생각합니다. 즉 정말 좋은 것이라면 가격과 상관없이 확실하게 권하는 자세를 실천할 계기가 되기 때문입니다. 게다가 환자들 또한 비싸더라도 자기부담으로 치료받길 잘했다고 생각해 준다면 그야말로 윈-윈 전략이 될 수 있기 때문입니다.

## 고급화에 관한 이야기

저는 이런 생각을 바탕으로 치과병원이 자비치료를 늘리도록 권하고 있습니다. 그래서 이번에는 보험치료에서 자비치료로 무난하게 전환하기 위한 과정을 실제 성공 사례를 이용해 이야기 형식으로 설명드리겠습니다.

'e튼튼치과병원'(가명)은 개업 5주년을 맞이한 병원입니다. 환자들이 어느 정도 늘어 겨우 흑자 경영으로 전환되나 싶었는데, 보험비율이 조정되어 수익이 하강곡선을 그릴 수밖에 없게 되었습니다. 그 결과 눈 깜짝할 사이에 적자경영으로 돌아서고 말았습니다.

초조해진 원장은 '보험 적용이 가능한 치료를 기본으로 하고 희망하는 사람에 한해서 자비치료로 한다'는 방침을 바꾸어, 가능하면 자비치료 쪽으로 돌리기 위해 직원들에게 자비치료 환자를 받을 때마다 인센티브를 준다는 성과급제를 도입했습니다.

그리고 원장이 솔선해서 환자들에게 자비치료를 권유한 결과, 조금씩 자비치료 쪽을 선택하는 환자들도 늘어나 적자 경영 상태에서 벗어나 수익이 조금씩 오르기 시작했습니다.

하지만 직원들이 환자에게 자비치료 쪽을 적극적으로 권유하려 하지 않아서 원장은 여러 모로 생각해 봤다고 합니다. 그러한 과정을 거쳐서 제가 하고 있는 전화 경영상담 서비스를 신청한 것이었습니다.

어려운 현재의 상황을 다 듣고 저는 이렇게 물었습니다.

"자비치료를 권유한 것은 환자를 위해서일까요?"

그러자 그가 이렇게 대답했습니다.

"아니오, 보험적용을 받는 편이 환자부담이 적기 때문에 환자를 위한 것은 아닙니다."

이 말을 들은 나는 무심코 '이상하네'라고 혼자말로 중얼거렸습니다. 작은 소리였지만 들렸는지 원장이 조금 화난 어조로 뭐가 이상하냐고 되물었습니다.

그래서 저는 솔직하게 질문을 던졌습니다.

"환자들을 위한 게 아니라면 왜 굳이 그쪽을 권유하는지 이해가 안 되는군요."

그러자 원장은 조금 전의 태도와는 정반대로 자비치료가 얼마나 이득인지에 대해 열심히 주장하기 시작했습니다. 들어보니 확실히 자비치료는 금전적인 부담은 크지만 치료 효과가 더 좋을 뿐만 아니라 그 효과 또한 오래가는 등 나름대로 이점이 있었습니다.

이러한 이점이 있는데도 원장은 단순히 병원의 경영악화를 타개하기 위해 자비치료를 권유하고 있었던 것입니다. 이래서는 환자들도 납득하기 힘들 뿐만 아니라 직원들도 따르기 힘들었을 것입니다. 그래서 몇 가지 노하우를 알려 주었습니다.

환자들이 올바른 정보를 가지고 바른 선택을 할 수 있도록 알기 쉬운 핸드북을 만들 것, 침착하고 편안하게 이야기할 수 있도록 상담시간을 지금의 두 배로 늘릴 것, 직원 회의 시간을 가져 자비치료를 권유하는 것은 병원만을 위한 것이 아니라 환자들을 위한 일이기도 하기 때문에, 의료인으로서 부끄러울 게 없다는 점을 어필 할 것, 등에 대해 일러 주었습니다.

원장은 내 말에 대해 몇 번이나 고개를 끄덕이며 열심히 메모도 하는 듯했습니다. 그렇게 해서 전화 상담을 끝냈습니다.

그 뒤 원장에게서 이메일이 왔습니다. 일러 주신 대로 했더니 자비치료 쪽을 선택한 환자가 아주 많이 늘었고, 앞으로도 이 방식을 잘 따르겠다는 내용이었습니다.

좀 더 자세한 이야기를 듣고 싶다고 생각하던 차에 마침 제가 강사를 맡고 있던 세미나에 그 원장이 참가했습니다. 세미나가 끝난 뒤 조금 시간이 남아서 자세한 이야기를 물어봤더니, 다음과 같은 순서대로 진행했다고 합니다.

우선 환자들이 잘 알 수 있도록 일람표를 만들었다고 합니다. 간단히 말하면, 자비치료와 보험적용치료에 대한 각각의 장점과 단점을 적은 뒤, 특히 자비치료에도 레벨을 두고 각각의 레벨에 따른 장단점에 대해서도 정리해서 적어두었다고 합니다.

그랬더니 환자들은 단순히 자비치료는 비싸니까 보험적용 치료를 선택했는데, 의사가 권유를 받아들이지 않으면 나중에 후회할 것 같다며 자비치료 쪽을 선택하게 되었다고 합니다.

또한 상담 시간을 여유 있게 잡은 것도 고객이 냉정하게 판단해서 선택할 수 있었다는 점에서 많은 도움이 되었다고 합니다.

여러분들도 이와 같은 경험이 있으리라고 생각합니다만, 병원 치료실에 누운 상태에서 치과의사로부터 이런저런 이야기를 들으면 왠지 명령을 받는 듯한 생각이 들기 마련입니다. 그렇지만 상담시간을 길게 잡아서, 의자에 편안히 앉아 의사선생님의 표정을 보면서 이야기를 하면 심리적으로 안정된 상태를 유지할 수 있어서 냉철하게 판단할 수 있게 됩니다.

또한 병원 내에서 직원 모임을 가진 결과, 원장에 대한 직원들의 오해도 풀렸다고 합니다. 직원들은 환자를 위해 열심히 일하고 있는데 원장님은 오로지 돈벌이에만 신경을 쏟는다고 생각했던 모양입니다. 하지만 환자들을 위한 일이라면 적극 동참하겠다며 직원들도 조금씩 환자들에게 자비치료 쪽을 권유하게 되었다고 합니다.

남은 과제는 직원들도 원장과 같은 열정으로 환자들에게 권유하도록 하는 것입니다. 그리고 자비치료의 좋은 점을 사전에 알리기 위한 소책자도 발행해서 사람들의 인식을 바꿔가는 것입니다.

원장은 아직 해야 할 과제가 산더미처럼 남아 있다며 머리를 긁적이면서 세미나 회장을 나섰습니다.

## 고급화에 성공할 수 있었던 요인은?

그럼 성공요인을 분석해 볼까요?

우선, 제일 중요한 것은 비싼 쪽을 권유하는 것은 환자를 위해서라는 점을 자타가 확인하는 일이었습니다. 그렇게 하면 마음속에 조금도 거리낌 없이 당당히 권유할 수 있기 때문에 상대방이 받는 인상도 전혀 달라집니다.

이것은 모든 기업에게 공통적으로 적용할 수 있는 부분입니다. 비싸지만 그 편이 고객을 위해서도 좋다는 확신을 가지고 권유하지 않으면 돈벌이만을 위한 행위라는 인상을 강하게 풍기게 됩니다. 돈벌이를 위한 작업이라는 생각을 갖게 되면 고객은 일단 그 자리를 뜨거나 더 싼 상품 쪽을 선택하게 됩니다.

다음으로 환자들에게 알기 쉽게 전달하기 위한 일람표를 만든 점, 이것이 고급화를 성공시키는 데 가장 큰 역할을 했습니다. 이것은 '돋보이게 하는 기법'의 응용입니다. 같은 것을 보이더라도 어떤 식으로 내보이느냐에 따라 느낌이 전혀 달라 보이는 좋은 예입니다.

　전문용어를 나열할 것이 아니라, 고객들이 상품의 가치를 알게 해야 합니다. 이처럼 고객들에게 상품의 가치를 알리기 위한 수단으로서 일람표를 만들었다는 점은 정말 박수쳐 주고 싶을 정도로 좋은 방법이었습니다.

　그리고 상담시간을 길게 했다는 점, 이것은 제공방법 기법 중에서 '공감'의 방법입니다. 직원들이 환자들과 같은 눈높이에서 같이 고민해 준다는 점을 환자들이 알게 되면 당연히 기분이 좋아집니다.

　그리고 '직원회의'는 앞으로의 과제인 '커뮤니티'를 만들려면 필수적인 단계입니다. 환자들을 설득하기 위해서는 우선 병원 내부부터 의견의 통일을 이루어내야 합니다. 커뮤니티를 위한 첫 단계로서 앞으로 잘 활용할 수 있을 것입니다.

느낀 점 메모하기

느낀 점을 자유롭게 적어 볼까요?

객단가 올리기 패턴 3

# 몰아서 판매하기

## 📈 몰아서 판매하는 목적은?

'몰아서 판매하기'도 성공적으로 적용해 주길 바라는 테마 중의 하나입니다. 왜냐하면, '몰아서 판매하기'는 상품이 아니라 여러분 회사의 제품을 전체적으로 고객이 마음에 들어 하는지 어떤지를 알 수 있는 기준이 되기 때문입니다.

다시 말하면, 하나씩 둘씩 단품으로 상품이 팔릴 경우는 여러분 회사 제품 중에서 우연히 사고 싶은 것이 있었다는 이유 외에 다른 이유는 없습니다.

여러분 회사 제품이라면 무엇이든 좋다고 생각하게 만드는 것이 고액고객 마케팅의 진수입니다.

알기 쉬운 예를 하나 들어보겠습니다. 아이돌에 열광하는 팬들을 상상해 보십시오. 팬들은 자신이 열광하는 아이돌이 몸에 지니고 있는 것, 사용하는 것이라면 뭐든지 사려고 하지 않습니까?

굳이 아이돌이 아니더라도, 예를 들어 좋아하는 영화가 있으면 그 영화의 팸플릿뿐만 아니라 영화 관련 여러 가지 상품들까지 무심코 사게 됐던 기억은 누구나 있을 것입니다.

이와 마찬가지로 여러분 회사가 권하는 것이라면 일단 세트로 다 갖추어 두고 싶은 마음이 들도록 만드는 사람이야말로 진정한 고액고객 마케터입니다.

참고로 몰아서 판매하기는 고액고객유치 마케팅을 하면 자연적으로 일어나는 현상입니다.

 **'몰아서 판매하기'에 관한 이야기**

그러면 '몰아서 판매하기'에 관한 이야기를 시작해 볼까요?

제가 주최하는 스터디모임에는 정말 여러 분야의 사람들이 참가합니다. 참가자 중에 리모델링 회사를 운영하는 분이 있었습니다. 이 회사는 아직 직원들이 적어 사장님 본인이 직접 영업까지 뛰는 형편이었습니다.

그러던 어느 날 제가 스터디 모임에서 이런 이야기를 했습니다.

"고객은 아마추어이기 때문에 프로의 입장에서 새로운 세계를 보여 주면 고객은 기뻐합니다. 물론 기쁘게 해 주는 데 그치는 게 아니라 매출로 연결됩니다."

이것은 물론 고액고객유치 마케팅의 기본적인 개념입니다. 이 이야기를 들은 사장님은 당장 여러 가지 아이디어를 내놓았습니다. "모델하우스를 만들어 입체적으로 보여 주면 어떨까요?"라며 자신이 낸 아이디어를 스케치북에 그려 제게 보여주는 것이었습니다.

물론 괜찮은 아이디어라고 생각했습니다. 다만, 안타깝게도 비용적인 면을 생각하면 모델하우스를 만드는 것은 비용 대비 효과가 별로 없어 보였습니다. 하지만 이렇게까지 의욕에 넘쳐 있는 모습을 보면서 모처럼 생각해낸 아이디어를 없던 것으로 하자니 솔직히 입이 떨어지지 않았습니다.

이 때 문득 눈에 들어온 것이 스케치북이었습니다. 정말 멋진 스케치 솜씨여서 "이 스케치, 직접 그리신 것입니까?" 하고 물었습니다.

그렇다는 대답을 듣자, 저에게는 한 가지 생각이 떠올랐습니다.

"이런 스케치를 그리는 데 얼마나 걸립니까"라고 물어봤더니, 금방 그릴 수 있다고 대답했습니다. 그래서 제가 생각해 낸 방법은, 예비 클라이언트에게 이상적인 리모델을 스케치해 주는 서비스였습니다. 예비 클라이언트는 당연히 의뢰할지 말지 아직 정하지 않은 상태입니다. 하지만 의뢰하고 싶은 마음은 충분히 있을 것입니다. 이대로 내버려 둔다면 다른 회사에 의뢰할 가능성도 높습니다. 중요한 것은 타이밍과 운입니다. 하지만 고액고객을 유치하기 위해서는 운과 타이밍에만 의지해서는 안 됩니다.

필연적으로 자기회사에 의뢰하도록 만드는 것이 중요합니다. 그렇게 하기 위한 방법 중 하나로 제가 생각해 낸 것이 '이상적인 리모델상을 그 자리에서 스케치해 주는 서비스'였습니다.

고객 입장에서는 당장 견적을 부탁하기보다는 스케치를 먼저 부탁하는 게 훨씬 마음에 부담이 적을 것입니다. 왜냐하면, 그림만 조금 부탁하는 정도이기 때문입니다. 하지만 이 방법은 정말 효과 만점이었습니다.

왜냐하면 고객은 머릿속으로 막연히 그려 봤다고는 해도 너무 막연하기 때문에 현실과 이미지가 좀처럼 잘 맞지 않습니다. 그렇기 때문에 '할까? 말까?' 하고 망설이게 되는 것입니다. 이렇게 망설이고 있을 때

고객에게 그림을 보여 주면 막연한 잠재적 이미지를 현실화시킬 수가 있습니다. 따라서 고객은 견적을 부탁하게 되어 결국은 계약으로까지 이어지지 않을까요? 이런 이야기를 그 사장님에게 했더니 당장 실행해 보겠다고 대답해 주었습니다.

그리고 덧붙여 이렇게 말했습니다.

"어떻게든 계약 건수를 늘리고 싶어서 고육지책으로 모델하우스를 하나 지을까도 생각해 봤습니다만, 스케치 쪽이 재미있을 것 같고 당장 할 수 있는 방법이기도 합니다. 오늘 이곳에 오길 잘했어요."

그 뒤로 어떻게 되었을까요?

결론부터 말하면 대성공이었습니다. 리모델은 몇 년 후에나 해야겠다고 생각하던 고객으로부터 당장 의뢰가 들어오는가 하면, 같이 그림을 그리다보니 친근감이 들어서인지 계약한 뒤에 일을 진행할 때도 서로 좋은 관계를 유지할 수 있었다는 등의 이야기들을 들었습니다. 그리고 이 이야기의 테마인 '몰아서 판매하기'에 해당하는 추가 의뢰도 늘었다고 합니다.

앞의 두 가지 효과는 저도 예상한 바이지만 마지막의 '몰아서 판매하기'에 해당하는 추가 의뢰에 대해서는 저도 예상치 못한 결과였습니다. 그래서 어떻게 해서 추가 의뢰가 늘게 되었는지 구체적인 경위를 물었더니 다음과 같이 대답해 주었습니다.

고객들은 가급적 저렴하게 하기를 원하는 마음들이 강해서, 필요한 것 이외에는 주문에 넣지 않기를 원했다고 합니다. 그런데 막상 스케치 서비스를 하다 보면, 그 사이에 그런 경계심을 늦추게 될 뿐만 아니라 자신이 상상했던 이상적인 리모델상이 스케치되어 모습을 갖추면 기쁘고 반가운 나머지 '이것도 그려 달라 저것도 그려 달라'는 식으로 추가로 부탁하게 되더라는 것입니다.

그 결과 실제로 견적을 낼 때도 스케치 단계에서 고조된 기분이 쭉 유지되어 당초 예상했던 금액을 초과하여, 결국은 더많은 부분을 리모델링하게 되었다고 합니다. 또한 처음에는 빼 두었던 꼭 필요하지 않은 부분도 나중에는 다시 넣어달라고 의뢰하여, 결과적으로는 '몰아서 판매하기'가 된 것입니다.

이상적인 리모델상을 그 자리에서 스케치해 주는 서비스로 한 건당 수주 금액이 늘어났기 때문에 효율도 높아진 데다가 서로 신뢰관계를 쌓은 고객들과 일을 할 수가 있어, 그야말로 쾌적하고 보람 있게 일을 즐기며 할 수 있게 되었다고 합니다.

###  몰아서 판매하기를 할 수 있었던 요인은?

이번 경우의 성공 비결에 대해 분석해 볼까요?

우선, 무엇보다도 고객의 이상형을 그림으로 그려 줌으로써 고객과의 '공감'을 형성할 수가 있었습니다.

그리고 완성된 것을 보거나, 견적을 받지 않으면 알 수 없는 '완성된 이미지'를 미리 보여줌으로써 '체험' 기법을 응용한 모의체험을 할 수 있도록 해 주었습니다.

마지막으로 프로의 입장에서 '가이드'를 잘 해 줌으로써, 고객의 마음이 움직여서 점점 추가 주문을 하게 되는 매커니즘입니다.

느낀 점 메모하기

느낀 점을 자유롭게 적어 볼까요?

## 포인트 정리

객단가 올리기에 대해 지금까지 구체적인 사례를 소개드렸는데, 잘 이해하셨으리라 생각합니다.

알기 쉽게 설명하기 위해서 패턴별로 나누긴 했지만, 원래는 가격인상과 고급화, 몰아서 판매하기 등은 대부분 동시에 이루어낼 수가 있습니다. 가격인상을 감행했던 일식당 주인은 고급화를 이뤄낸 데다가 고객들은 추가주문도 계속 해 주고 있습니다. 특히 마진이 높은 술 종류가 많이 팔리기 때문에 채산성도 상당히 좋아졌다고 합니다.

또한 고급화에 성공한 치과의사는 평소부터 치아의 건강을 유지해야 한다고 강조함으로써 칫솔 등의 홈 케어 상품도 더불어 팔리게 되었습니다. 그리고 앞으로는 자비치료 가격을 더 높여 가겠죠.

몰아서 판매하기를 한 리모델링 업자도 고객과 신뢰관계를 돈독히 함으로써 동종업자들과 가격경쟁을 피할 수 있었으므로 실질적으로는 가격인상효과를 본 셈입니다.

이와 같이 모든 것이 선순환 사이클로 돌아갑니다.

여러분 회사에서도 꼭 앞에서 설명한 15가지 방법과 케이스 스터디를 참고로 더 이상적인 실천방법을 연구해서 적용해 보십시오.

## 객단가 올리기를 성공시키는 15가지 방법

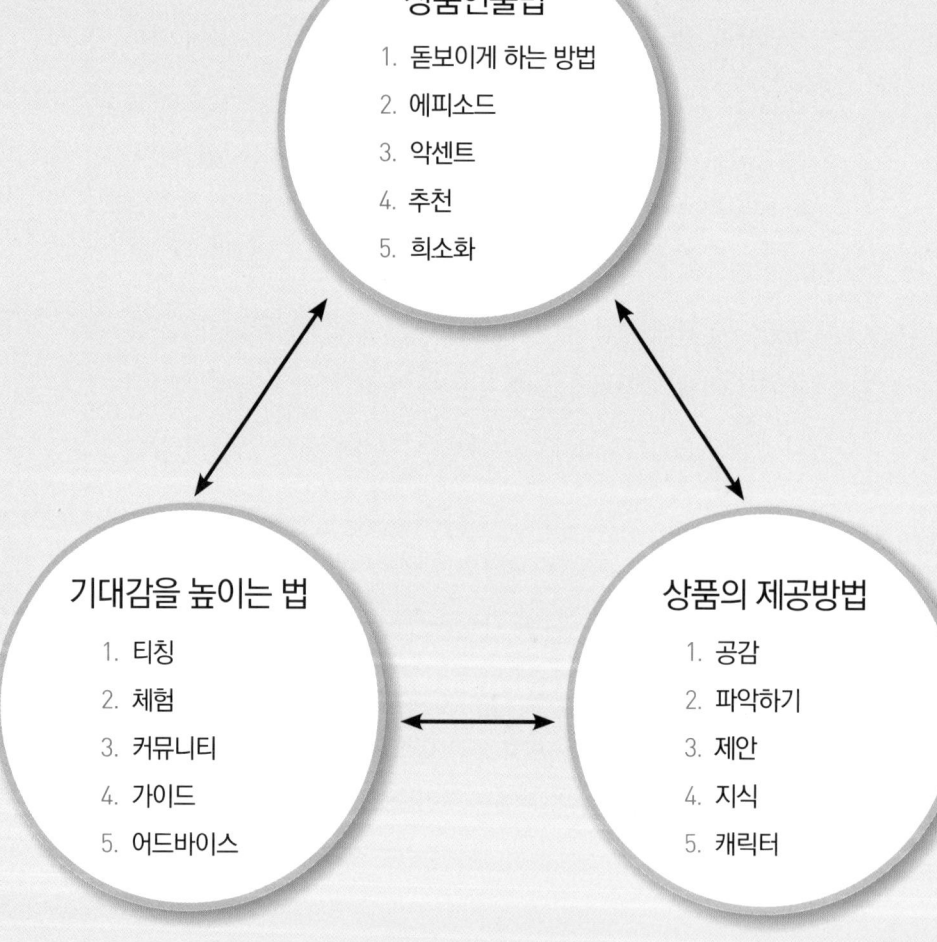

# 이 점에 요주의! 심리적인 함정

# 실패로 이끄는 '심리적인 함정'이란?

 **5가지의 함정과 그 해결책**

지금까지 15가지 방법, 그리고 구체적인 사례에 대한 스터디까지 전수해 드렸습니다. 이것만으로도 완벽할 것 같지만, 몇 가지 심리적인 함정에 빠지는 경우가 있는 듯합니다. 그 심리적 함정이란 다음의 5가지입니다.

> 1  도저히 가격인상이 힘들다.
> 2  너무 전문적인 설명을 하게 된다.
> 3  같은 상품이므로 가격도 당연히 같을 것이라 생각한다.
> 4  무심코 싼 것을 권하게 된다.
> 5  부유층을 겨냥하게 된다.

그러면 순서대로 살펴보면서 해결책을 알아볼까요?

### 함정1  도저히 가격인상이 힘들다

도저히 가격인상은 힘들다는 이야기를 경영자들로부터 자주 듣습니다. 가격인상은 고객들이 좋아하지 않을 것이라는 생각이 지배적이기 때문인 듯합니다. 당연히 가격을 인상하겠노라고 하면 좋아할 고객은 없을 테고, 특별한 이유도 없이 갑자기 가격을 인상하는 것은 좋지 않습니다.

하지만 장기적으로 본다면 고객을 위해서라도 적절한 선에서 하는 가격인상은 오히려 적극적으로 추진해야 한다고 생각합니다.

왜냐하면 좋은 상품을 고객들에게 제공하기 위해서는 적정한 이익을 내는 것이 필요하기 때문입니다. 가격 인하로 인해 회사가 파산하기라도 한다면 본말이 전도되는 이야기입니다. 가격을 인상해서 고객으로부터 이윤을 얻고, 얻은 이윤만큼 확실하게 고액고객 마케팅을 실시해, 고객들에게 더 큰 만족을 주는 것이 장기적으로 고객을 위해서 바람직한 일이 아닐까요.

이런 마인드가 전제되어 있다면 적정한 선에서 하는 가격인상은 고객들에게 미안한 마음이 들지 않을 것입니다.

### 함정2  너무 전문적인 설명을 하게 된다

고객에게 상품에 대한 가치를 심어주려고 열심히 설명했는데도 고객이 잘 이해하지 못하는 경우가 있습니다. 이런 경우는 흔히, 설명이 너무 전문적이어서 고객이 이해를 못하기 때문입니다.

저는 업종 범위를 좁혀서 컨설팅을 하기 때문에 처음 들어보는 비즈니스를 접할 때가 있습니다. 그래서 당연히 맨 처음에는 그 비즈니스가 어떤 일인지에 대해 먼저 경영자에게 물어보게 됩니다. 그런데 설명을 들어도 무슨 말인지 통 알아들을 수 없을 때가 많습니다.

그래서 "죄송하지만 하시는 일이 구체적으로 어떤 일인지 아마추어인 고객도 잘 알 수 있도록 설명해 주시지 않겠습니까?"라고 부탁해 보지만, 그래도 역시 이해하기 힘들 때가 있습니다.

제가 이해 못하는 비즈니스를 일반 사람들이 이해할 리가 없습니다. 지금까지의 경험상, 업계 사람들 사이에서는 지극히 알기 쉬운 내용일지라도 일반인들에게는 업계 사람들을 기준으로 했을 때 10배 이상은 어렵게 느껴집니다.

이러한 사정을 경영자에게 잘 설명한 뒤 난이도를 지금의 1/10정도로 낮춰서 자세하고 알기 쉽게 설명해 주도록 부탁해야 그나마 뭐가 뭔지 알 듯한 정도가 됩니다. 하지만 그 정도 레벨에서조차 조금 더 쉬운 말로 풀어서 설명해 주어야만 고객에게 상품의 가치가 제대로 전달되게 됩니다.

가치를 알아주지 않는 것이 아니라 설명 자체가 어려웠던 것입니다. 이러한 지식의 괴리현상으로 인해 판매 기회를 놓친다는 것은 안타까운 일입니다.

부디 난이도를 1/10 정도로 낮춰서 쉽게 설명해 주어야 한다는 점을 명심해서 재도전해 보시기 바랍니다.

### 함정3  같은 상품이므로 가격도 당연히 같을 것이라 생각한다

"아무리 고액고객유치 마케팅이라고 해도 역시 같은 상품이라면 가격은 어느 정도 비슷하게 맞춰야 하는 건 아닐까요?"

이런 질문을 자주 받습니다.

하지만 그럴 필요는 없습니다. 상품 외적인 부분에서 가치를 창출한 이상, 고객은 여러분 회사의 상품을 동종업자의 상품과는 전혀 다른 것으로 보고 있기 때문입니다.

알기 쉬운 예를 하나 들어 보겠습니다. 일반 초밥집 근처에 전체 메뉴 천 원 균일가 회전초밥집이 생겼다고 해서 일반 초밥집도 가격을 천 원으로 조절해야만 할까요?

대답은 NO입니다. 회전초밥집을 이용하는 고객과 일반 초밥집을 이용하는 고객은 초밥집을 이용하는 목적이 전혀 다르기 때문입니다.

일반 초밥집에서는 초밥을 만드는 사람과 이런 저런 이야기를 하면서 초밥의 재료를 음미하며 먹고 싶어하는 욕구를 충족시켜 주는 곳인데 반해, 회전초밥집에서는 아이들과 함께 즐겁게 초밥을 먹고 싶어하는 욕구를 충족시켜 주고 있습니다.

이처럼 일반 초밥집과 회전초밥집은 초밥이라는 같은 메뉴를 취급하고 있을 뿐 가게에 오는 손님들의 목적은 완전히 다릅니다.

이와 마찬가지로 여러분이 고액고객유치 마케팅을 실천하고 있다면 여러분이 필요로 하는 수요는 동종업계와는 전혀 달라집니다.

고객은 '에피소드'를 듣고 싶고 '단꿈'을 같이 꾸고 싶어서, 그리고 '새로운 세계'를 알고 싶어서 여러분의 회사로 찾아오는 것입니다. 그 가치에 가격을 매기고 있는 셈이니까 상품 자체에 신경 쓸 필요는 없습니다.

### 함정4  무심코 싼 것을 권하게 된다

무심결에 싼 상품을 권하게 되더라는 이야기는 흔히 듣게 됩니다. 하지만 싼 상품을 권하는 것은 고객의 수요를 한쪽 면에서만 파악했다고밖에 볼 수 없습니다.

확실히 고객의 돈을 절약해 준다는 면에서는 싼 제품을 권유하는 것이 조리에 맞는 이야기입니다. 하지만 싸다고 무조건 좋을까요?

여기에 알기 쉬운 예가 있습니다.

어디까지나 가상의 이야기입니다만, 여러분이 어떤 병에 걸려 입원해서 수술이 필요한 상황이라 칩시다. 그리고 수술비가 100만 원, 70만 원, 50만 원으로 3가지 코스로 나뉘어 있습니다. 여러분은 어느 쪽을 선택하시겠습니까? 고가의 수술일수록 고통도 적고 후유증도 적습니다.

저는 망설이지 않고 100만 원짜리 코스를 선택할 것입니다. 하지만 도저히 돈이 없는 데다 할부도 안 될 경우에는 어쩔 수 없이 제일 낮은 가격대를 고르게 되겠죠.

이와 마찬가지로 고객은 무조건 싸야 한다고 생각하지 않습니다.

우선은 제일 높은 가격대에서 제일 낮은 가격대까지 순서대로 설명해 주고 난 뒤 고객의 예산과는 상관없이 프로로서 권하고 싶은 상품을 당당하게 권유하는 것이 중요합니다. 그래도 싼 것을 고객이 선택한다면 어쩔 수 없겠죠.

싸다는 점만을 내세울 게 아니라 전체적으로 고객의 욕구를 충족시켜 주는 것이 중요합니다.

### 함정5   부유층을 겨냥하게 된다

"**나**도 모르게 돈을 쓸 만한 고객에게만 권유하게 됩니다."
이와 같은 이야기도 자주 듣습니다만, 이 책 서두에서 말씀드린 대로, 아무리 갑부라도 필요 없는 것은 사지 않을 것이며, 돈이 없는 사람도 원하는 것이 있으면 다소 무리를 해서라도 사기 마련입니다.

하기야 원하는 것이 있다면 부자 쪽이 구매결단은 빠릅니다. 돈을 이래저래 융통할 필요가 없을 테니까요. 이런 의미에서 부자들을 유치하는 데 힘을 기울이고 있다면 어쩔 수 없는 일이지만 부자들에게만 초점을 맞추게 되면 기회불균등을 초래하게 됩니다.

예를 들면 신혼인 젊은 샐러리맨이 10년, 20년 장기 융자를 내면서까지 집을 사는 것은 요즘에는 일반적인 일이 되었습니다. 이것은 '부자니까 돈을 낸다'는 단순한 사고패턴이 얼마나 많은 기회를 놓치게 되는지를 실감하게 해 주는 좋은 예일 것입니다.

돈이 있는지 여부와 상품의 가치를 발견할지 여부는 인과관계가 없습니다. 단지 한 가지, 부자들 쪽이 구매결단이 조금 더 빠르다는 점뿐입니다.

## 맺음말

"바쁘기만 하고 좀처럼 수익성이 없다."

이 말은 많은 경영자들에게서 매일같이 듣는 말입니다. 그럴 때마다 제가 하는 조언은 오직 이 한마디입니다.

"객단가를 올리면 됩니다."

하지만 본서에서도 말씀드렸다시피, 비즈니스 업계에서는 '매출 올리기 = 고객 늘리기'와 같은 단순한 등식이 굳어져 객단가 올리기에 관한 서적이나 세미나는 거의 전무한 상태이기 때문에 제 말에 전혀 귀를 기울이려 하지 않습니다.

하지만 제 클라이언트가 된 경영자들에게는 5년 훨씬 이전부터 이 방식을 전수해 주고 있습니다. 그리고 제가 전수해 준 방식을 도입해서 열심히 추진한 결과 고객 늘리기만으로는 도저히 불가능했을 정도의 큰 성과를 거두었습니다.

이 결과를 지켜본 저로서는 기쁘기도 한 한편, 이렇게 효과 만점인 고액고객유치 마케팅 비법이 왜 세상에 알려지지 않은 것일까 하는 생각에 씁쓸한 마음도 들었습니다. 그래서 그렇다면 내가 세상에 알려 주어야겠다고 결심하게 된 것입니다.

우선 맨 처음 시작한 것이 '고액고객유치 실천회'라는 스터디 모임을 주최하는 일이었습니다. 모임의 회원들이 고액고객유치 마케팅을 활용한 뒤 그 성과를 실천회 모임에서 같이 공유하자는 시도였습니다.

이 시도는 대성공하여 실로 많은 회원들이 좋은 성과를 냈습니다. 그래서 그 결과를 참고로 이 책도 쓰게 된 것입니다.

단, 이 고액고객유치 마케팅은 아직 발전 단계에 있습니다. 아니, 항상 발전 단계에 있어야 한다고 생각합니다. 왜냐하면, 앞으로 회사들이 본서에서 밝힌 마케팅 기법의 도입을 당연시하게 되고 이 마케팅 기법을 이용하지 않는 기업들은 도태되어 간다고 하더라도 고액고객 마케팅 기법은 그 단계에 머물러 있을 게 아니라 더욱 더 발전시켜 나갈 필요가 있기 때문입니다.

저 자신도 앞으로 단순한 컨설턴트라기보다는 그 범위를 넘어서서 다양한 서비스를 제공하기 위해 노력해 갈 것입니다. 아울러 여러분도 지금보다 더 높은 이상과 목표를 향하여 끊임없이 노력해 주기를 바랍니다.

마지막으로 지금까지 물심양면으로 많은 도움을 주신 분들께 감사의 말씀을 전하고자 합니다. 먼저 이 책이 출판되기까지 많은 노력을 기울여 주신 다이아몬드 출판사의 笠井一暁 씨, 출판 기획을 추천해 준 나의 벗 和仁達也와 유메오카LLP의 여러분들, 저의 소중한 클라이언트 여러분, 그리고 고액고객유치 실천회 회원들께 이 자리를 빌어 깊은 감사의 마음을 전합니다.

그리고 이 책을 계기로 '고액고객유치 마케팅'으로 고객을 행복으로 이끌기 위한 첫걸음을 내디딘 여러분께도 진심으로 감사의 말씀을 전하고 싶습니다.

고액고객유치 컨설턴트<br>
무라마츠 다츠오(村松達夫)

# 저자소개

## 무라마츠 다츠오(村松達夫)

고액고객유치 컨설턴트 중소기업진단사(中小企業診斷士). 1970년생.

2001년 1월에 독립하여 기업 컨설팅업 개업. '나만의 비즈니스로 고수익을 얻자!'를 모토로, 경영자의 비즈니스 파트너로서 컨설팅을 해 왔다. 현재는 스탠드바이 경영컨설팅의 대표이며 (주)비저너리 플래닛(ビジョナリープラネット)의 이사로 있다. 그 외에도 나고야 시 중소기업진흥센터·중소기업경영상담원, 나고야상공회의소·자문위원(expert) 등의 공적 직무도 맡고 있다.

대학 졸업 후 준공무원이 되었지만, 중소기업진단사 자격을 취득하면서 경영 컨설턴트로 전업. 영리와 관계없는 '공무원'의 신분에서 실력주의인 경영 컨설팅 세계로 뛰어들었기 때문에 주위에서 무모하다는 소리를 듣기도 했다.

하지만 업계의 틀에 얽매이지 않은 자유로운 발상으로 다른 곳에선 찾아볼 수 없는 독특하고 대담한 컨설팅 기법을 개발하여 완전히 새로운 아이디어로 경영 실적 올리기에 힘쓴 결과 많은 경영자들로부터 절대적인 신뢰를 얻고 있다.

최근에는 많은 경영자들에게 '고액고객유치 마케팅 비법'을 알리기 위해 '고액고객유치 실천회'를 설립, 현재 50여 개 이상의 회원 기업이 가입해 있다. 또한 짧은 문장으로 예리한 영감을 주는 무료 메일 매거진 '일하는 시간을 1/3로 줄이고, 매출을 3배로 늘리기'도 호평을 얻고 있다.

저서로는 매출 올리기 기법을 체계적으로 정리한 『여러분 회사에 돈이 넘치는 황금알을 낳는 거위』(ユウメディア)가 있다.

## 참고 문헌

『인스토어 머천다이징』(インストア・マーチャンダイジング)
다시마 요시히로(田島義博) 저
비즈니스사(ビジネス社)

『마케팅 원리 제9판』(マーケティング原理　第9版)
Philip Kotler · Gary Armstrong 저
다이아몬드사(ダイヤモンド社)

『인생을 바꾸는 80 대 20의 법칙』(人生を変える80対20の法則)
Richard Koch 저
TBS 브리태니커(TBSブリタニカ)

| 초판 발행 | 2008년 08월 13일 |
| 초판 32쇄 | 2025년 11월 10일 |

지은이 　무라마츠 다츠오
옮긴이 　장윤정

발행인 　이재현
발행처 　리틀씨앤톡

등록일자 　2022년 9월 23일
등록번호 　제 2022-000106호
ISBN 　978-89-6098-052-5 (13320)
주소 　경기도 파주시 문발로 405 제2출판단지 활자마을
홈페이지 　www.seentalk.co.kr
전화 　02-338-0092
팩스 　02-338-0097

ⓒ2008, Muramatsu Tatsuo

· 본 책은 저작권법에 의해 보호를 받는 저작물이므로 무단 전재와 복제를 금합니다.